世界为卓真者让路

当当网CEO李国庆 的奋斗哲学

郭志刚◎著

中国发展出版社
CHINA DEVELOPMENT PRESS

图书在版编目（CIP）数据

世界为率真者让路：当当网 CEO 李国庆的奋斗哲学 / 郭志刚著. —北京：中国发展出版社，2013.11
ISBN 978-7-5177-0030-2

Ⅰ.①世… Ⅱ.①郭… Ⅲ.①李国庆—生平事迹 Ⅳ.①K825.38

中国版本图书馆 CIP 数据核字（2013）第 242211 号

书　　　名：世界为率真者让路：当当网 CEO 李国庆的奋斗哲学
著作责任者：郭志刚
出 版 发 行：中国发展出版社
　　　　　　（北京市西城区百万庄大街 16 号 8 层　100037）
标 准 书 号：ISBN 978-7-5177-0030-2
经 销 者：各地新华书店
印 刷 者：北京欣睿虹彩印刷有限公司
开　　　本：710mm×1010mm　1/16
印　　　张：16
字　　　数：210 千字
版　　　次：2013 年 11 月第 1 版
印　　　次：2013 年 11 月第 1 次印刷
印　　　数：1—10000 册
定　　　价：35.00 元
联 系 电 话：(010) 68990642 68990692
购 书 热 线：(010) 68990682 68990686
网 络 订 购：http://zgfzcbs.tmall.com//
网 络 电 话：(010) 88333349 68990639
本 社 网 址：http://www.develpress.com.cn
电 子 邮 件：fazhanreader@163.com

前　言

2010 年之前，随便拉住一个习惯网上购物的朋友问他："在哪个网站买书最靠谱？"

大家几乎不假思索地说："当当网啊！"

2010 年之后，我们再问网购族："在哪个网站买日用百货、尿片奶粉甚至电子产品更划算？"

这个问题要回答可就犯难了。

2010 年，是成立十年的当当网公司在纽约交易所上市之年。上市之后，当当网旗帜鲜明地宣布要逐渐降低图书占比，向百货类进军。随着它的一系列动作，很多网络消费者固有的观念被打破了。

本来在大家印象中买服装上淘宝、买数码产品去京东商城毋庸置疑。可是随着当当网上市之后的大变身，这家以图书起家的电子商务网站在其他领域竟然也做得风生水起了。

当当网自己做家电可能不敌京东商城或者苏宁易购，但它可以和国美合作，将国美商城直接拉到当当网的主页上来，冰箱、彩电任您挑选；当当网的鞋子、衣服、日用品可能没有淘宝品类繁多，没有凡客诚品专于一品，可它能找到实力雄厚的盟友，与淘宝网比质量、与凡客诚品比种类……这些做法让同行看得目瞪口呆，做网站还能这么搞？没错！李国庆不但这么"搞"了，还"搞"得有滋有味，有模有样。

有人说：在中国所有上市互联网公司的老总中间，若论"个性鲜明"，那么李国庆至少可以排进前五位。的确，李国庆在公司上市广受关注之后似乎没有公众人物特有的"觉悟"，他依旧是直肠子、暴脾气、敢爱敢恨，战京东、斗淘宝、挑战亚马逊、超越红孩子，斗得不亦乐乎。

虽然做的是电子商务公司，李国庆骨子里还是一个文人。他没有学过计算机，也没有读过工商管理，尽管是北大高材生，但一个社会学系的文科生怎么看都和做互联网企业不搭边。可就是这样一个不懂高科技也不太喜欢研究现代管理学的人愣是把一个发行图书的公司做成了中国电子商务行业的一面旗帜。

没天理？那倒不至于。谁让李国庆背后还有一个曾留学纽约、擅长资本运作的贤内助呢？不过俞渝倒不是所谓的"成功男人背后的女人"，她以联合总裁的身份出现在公众面前，与李国庆平起平坐。从这个意义上来看，当当网既是大公司，也是"夫妻店"。

《世界为率真者让路：当当网 CEO 李国庆的奋斗哲学》这本书，除了讲述李国庆如何发达的励志故事外，更多的还是阐述一种自信、自我、自强不息的人生态度。不必把它当作名人传记、偶像故事逐字品读，只要闲暇时节，随便打开一章读一读，笑一笑，陪李国庆一起经历创业的苦楚，一起享受生活的快乐，就足够了。

作者

2013 年 10 月

目　录

第一章　"愤斗士"李国庆的青葱岁月

如今的李国庆风头正健，不管是公开亮相发言还是在微博上自娱自乐，都能吸引众多的眼球。你可知道，这位"60后"的老男人有过怎样的青葱岁月？他念小学期间就是模范生，得到满屋的奖状；中学期间就曾带领全校同学集体"罢饭"来抗议食堂难以下咽的伙食；北大时期更是风云人物，以校学生会副主席的身份和宿管阿姨对抗、向校领导叫板……特立独行是他的标签，率性而为是他的性格。

1. "60后"的"模范生"/3

2. 北大"风云男"李国庆 / 8

3. 机关的水养不住李国庆这条鱼 / 13

第二章　"前当当时代"的那些故事

当当网成立之后，李国庆觉得自己总算踏上了"成功人士"的金光大道。所以我们不妨将当当网的出现看作李国庆人生的一个重大转折点，那么当当网之前的时间自然而然就有了新名字——"前当当时代"。本章讲述北大才子如何从人人羡慕的国家机关"挂印"而出，在资本市场玩得不亦乐乎。

1. 开公司也跟风/21

2. 含义深刻的"科文经贸总公司"/ 23

3. 当艰苦成为习惯 / 26

4. 科文剑桥的辉煌往事 / 31

第三章　属于李国庆的那条鱼

一个北京男人，一个重庆女人，两个人都已经到了"剩男剩女"的年龄，却都还没有邂逅彼此的真爱。在异国他乡，两个人却意外地"对上眼"了。正如张爱玲所说的那样，"于千万人之中遇见你所遇见的人，于千万年之中，时间的无涯的荒野里，没有早一步，也没有晚一步，刚巧赶上了"。这就是李国庆和俞渝的纽约爱情故事。

1. 北京"老男人"的美国爱情故事 / 39

2. "国庆，我们结婚吧！" / 46

3. 老婆，咱们把公司搬到网上吧！ / 53

第四章　以亚马逊为榜样

2004 年 2 月，美国亚马逊公司派出的高级考察团悄然抵达北京，他们此行的主要目的是拜访立志要成为"中国亚马逊"的卓越和当当两家网络书店的当家人。一个月后，李国庆与陈年同时出现在某杂志封面，而那一期杂志的大标题赫然是："谁会成为中国的亚马逊？"亚马逊和李国庆之间究竟有着怎样不得不说的故事呢？

1. 研究"标本"亚马逊 / 59

2. 亚马逊的中国同行们 / 63

3. 夫妻档"响当当" / 67

第五章　恩怨情仇话风投

投资者与创业者之间既相互利用又相互支持，关系当真是复杂之极。但有一点是很明确的，那就是投资者在选择投资对象时，肯定不是单单看中某个项目的前景，更重要的是还要看创业者的团队。一般来说，只有优势互补的团队才能吸引投资者的目光，融资方面才更容易取得成功。李国庆和俞渝恰恰就属于那种优势互补的团队核心或者说搭档。

1. 第一轮：IDG 慧眼识英雄 / 75

2. 第二轮：老虎科技基金横插一脚 / 80

3. 第三轮：DCM、华登国际和 Alto Global 联合投资 / 87

第六章 与对手死磕

虽然涉足商圈多年，但李国庆骨子里更像一个文人。他不圆滑、不会妥协，也不屑于做出委曲求全的姿态。他是感性的、冲动的、容易意气用事的人。有人说李国庆"冲动过剩，计谋不足"，俞渝就说"李国庆历来就没讲究过谋略"。只有这样的人遇到对手的时候，才会撂下"报复性的打击"的狠话，做出"死磕到底"的行动。

1. 杀出重围，迎来"老师"的青睐 / 93

2. 对贝索斯的收购说 NO！/ 97

3. 做生意就是要扎堆儿竞争 / 101

4. 天生的对手：网络书店 vs 实体书店 / 105

第七章 十年不赢利的淡定

李国庆不是"好好先生"，他经常会生气，会发脾气，甚至怒极了在微博上发表"摇滚歌词"。他不习惯隐藏自己，也不像其他成功人士一样会包装自己。可是，当业界的同行们戏称李国庆两口子是"互联网界的搬运工"时，李国庆不怒反笑了。是他转变性情了还是学会了"外交"辞令？都不是，李国庆还是那个最率真的李国庆，俞渝还是那个最淡定的俞渝。

1. "傻干的两口子" / 111

2. 虽然不挣钱，但一直在努力的团队 / 115

3. "差点上了马云的当" / 119

第八章 与京东商城的刘强东交手

李国庆给外界的印象向来是不像商人，更像文人；不像名士，更像斗士。这一点从他上学期间向校方施压、创业期间痛斥风投资本、经营期间与对手针锋相对就能看出来。既然是"斗士",那就不管对方身份如何,年龄几何,只要你敢叫板我就敢于应战。他与电商界新贵刘强东的故事就从京东商城开通图书频道那一刻拉开了序幕。

1. 被刘强东"撞了下腰"／125

2. 血拼:没有最狠,只有更狠／130

3. 两个大佬的"骂"战／135

4. "集体吐槽"的 IT 老板们／138

第九章　上市:不得不说的幕后故事

对于所有的创业者来说,"上市"这两个字都有着非同一般的魔力。托尔斯泰说:"幸福的家庭都是相似的,不幸的家庭各有各的不幸。"这句话套用到公司上市的艰难历程上也无比合适。上市成功之后幸福的眩晕感都是相似的,上市路上的艰辛经历却只有自己清楚。李国庆带着当当经历了 11 年的风雨才叩响了纽约交易所的大门,对"上市"更是感慨良多。

1. 上市前奏曲／143

2. 我可以敲两下钟吗／149

3. "很黄很暴力"的口诛笔伐／153

第十章　与人斗,其乐无穷

有人说:在中国所有互联网上市公司的老总中,若论"个性鲜明",李国庆至少可以排进前五位。他曾在当当上市之后告诉公司董事会的成员们以后自己说话办事要高调了,希望大家做好心理准备。打好了这个招呼,李国庆的名字和他的微博开始频频占据各大商务网站的头条。战京东、斗淘宝、挑战亚马逊、超越红孩子,李国庆在电商的世界中充分发扬了"与人斗,其乐无穷"的"革命乐观主义精神"。

1. 只有不断超越,才能更好地生存／159

2. 想领先，就要先革自己的命／163

3. 2012，李国庆很忙／169

第十一章　当当为什么能成功

作为一家成立于 1999 年的电子商务企业，当当网绝对算得上是中国互联网行业的元老级公司了。三次融资，十年坚守，当当网终于在 2010 年底成功上市。是谁在引领当当网不断开拓新的市场？是什么精神在支撑着当当网从一家单一的网上书店蜕变为品类齐全的"网上沃尔玛"？是什么原因促使当当网在大浪淘沙般的险恶环境中生存并发展壮大？本章带您走进当当，找寻它能成功的秘密。

1. 铁打的当当，流水的高管／175

2. 李国庆的"野心"／181

3. 与顾客共进晚宴／187

4. 响当当的慈善行动／192

第十二章　率真的家世界

在成年人的世界里，每一个人都不只拥有单一的身份。周旋在不同的场合中，一个成熟的人会根据气氛、环境的变换而扮演不同的角色。按常理说，像李国庆这样的上市公司 CEO 就更加需要多副面具来完美展示自己的每一面。可是我们看到的李国庆似乎没有成为公众人物的觉悟，他直肠子、暴脾气、敢爱敢恨，成为最另类的明星企业家。而他们的家庭，也因他率真的个性，充满了浪漫、温馨、舒适的气氛。

1. 有钱我也不得瑟／197

2. 有钱人爱冒险／201

3. "俞"挫愈勇的辣妹子／205

4. "姑奶奶俱乐部"／209

5. "李大"和"李二"的故事／215

6. "李大"那点好玩的事儿／221

附录　李国庆夫妇演讲精选

一、垂直电子商务的春天：赢利并高速增长是美好的 ／227

二、入世十周年与品牌未来发展 ／230

三、幸福还是不幸需要亲身体会 ／234

四、我看未来十年中国电子商务的发展方向 ／237

五、当当网的定位与竞争战略 ／239

六、破坏式创新是企业发展的根本／242

第一章
"愤斗士"李国庆的青葱岁月

如今的李国庆风头正健，不管是公开亮相发言还是在微博上自娱自乐，都能吸引众多的眼球。你可知道，这位"60后"的老男人有过怎样的青葱岁月？他念小学期间就是模范生，得到满屋的奖状；中学期间就曾带领全校同学集体"罢饭"来抗议食堂难以下咽的伙食；北大时期更是风云人物，以校学生会副主席的身份和宿管阿姨对抗、向校领导叫板……特立独行是他的标签，率性而为是他的性格。

1. "60后"的"模范生"

> 我自己觉得高中生活最重要的就是当学生干部的经历。我当时参加了很多社会活动,不是商业活动。这些社会活动锻炼了自己的社交能力,而拥有这些人脉是很重要的。
>
> ——李国庆解释自己高中期间为什么热衷于参加社团,以此来验证成功人士的准备工作要从学生时代做起

1949年10月1日是新中国成立的日子。于是,这一天就成为我们的"国庆节",也是从这一年开始直到20世纪80年代末,图省事或者追时髦的父母都习惯把10月1日这一天出生的孩子取名为"国庆"。当然了,参照"五年一小庆,十年一大庆"的传统和"男女有别"的原则,女孩叫"晓庆"、男孩叫"国庆"的概率比较大一些。

1964年的国庆节,北京城又多了一位名叫"国庆"的男孩——李国庆出生了。

李国庆的父亲做过商人,新中国成立前就拥有一家专营丝绸布匹的贸易公司,经常到新疆、甘肃等西部地区做买卖。新中国成立后,随着家族公司被"公私合营",李国庆的父亲成了北京的一名普通工人。

　　李国庆的父母生了四个女孩之后，又生了两个男孩，一共六个孩子。如果李国庆是父母的第五个孩子也就是第一个男孩，他将会很受宠。可惜的是这位将来的大老板是"老疙瘩"。他一落地就已经是李家的第六个孩子了，上面既有姐姐又有哥哥，放到一般人家就算不上宝贝了。但是李国庆打小就体弱多病，左右脸还发育得不太平衡，这些缺陷倒让家人又爱又怜，童年过得还算惬意。

　　关于李国庆发育得不那么完美的左右脸，要多说几句。其实这个问题李国庆也经常会提及。成名之后的他很在意自己的形象，上个《财经》杂志的封面都会要求对方务必派出最好的化妆师给自己做造型。以至于他在上电视时，有女嘉宾毫不避嫌地"赞"他是"花样美男"。李老板做现场招聘节目也是相当"以貌取人"，当别的面试官在思考求职者能为自己公司创造多少价值时，李国庆则会比较突兀地直言："我不相信以你的姿色，到现在还没有找到工作。"

　　按照李国庆一贯的思路来说，如果是女孩子姿色不够好，问题就比较大了，很可能会影响你今后嫁得好不好，而嫁得好不好就关系到这一生是否幸福的重大问题。还好，对于一个男人来说，长得不帅顶多会让他在少年时期有一段烦恼，但在他完全成长、成熟之后，外貌就退到一个不太重要的位子上了。社会历来是这样，古代的"郎才女貌"或者现在的"男财女貌"，说的都是男人的内涵或者财富，很少有人花痴到选老板或者选老公时一定要求对方英俊潇洒。

　　自从当当网成功在美国上市后，李国庆就变成了公众眼中的明星企业家，对自己的仪容也渐渐上心了，虽然走的是平民时尚路线，但和当初的不修边幅相比，现在的穿着已经很讲究了。原来的李国庆其实是个不太容易受外界影响的人，和那些注重自己形象的企业家相比，他更看重自己所创造的价值。至于仪表，基本上不太注意，一般要求能见人就行。创业之初，他和俞渝的工作都非常忙碌，一个在公司里运筹帷幄，一个出去谈判拉生意，李国庆一般只负责前一项工作，不经常抛头露面。正所谓"我的地盘我做主"，那时的李国庆不太在意自己在员工面前的形象。有时赶上早晨开会，他顶着一头略微凌乱的头发就去会议室了，从他踏进会议室那一刻开始，就有员工发现他头发上还有睡觉时被压弯的痕迹，等到他坐下来说一句"大家早上好"时，会议室里所有员工都齐刷刷地看着他，大概有一秒钟，大家互相看了看，点头示意：今天早上老板又没整理头发。

如今的李国庆已经是个爱美的"花样美男"了，而且又经营着当当的美妆采购部，许多美容体验他都要亲自上阵。有一次他还拉着 90 岁高龄的父亲做美容，看着父亲满是皱纹的脸，他突然觉得，现在必须要好好保养自己的皮肤，于是就和父亲一起做了个面膜。通常情况下，一对母女一起做美容总会给人一种温馨、恬静的美感，而如果把做美容的母女换成一对父子，感觉就有点奇怪了。其实，爱美之心人皆有之，从道理上讲也没什么可奇怪的。

对事情看得开是李国庆上了北大之后不断思索的结果，在这之前他还是很在意的。我们经常会遇到因为极度自卑而变得极度自负的人，他们不过是用自己的张扬和自负来掩饰内心深处的那点自卑。处在李国庆的位置想一想吧，北京一个普通工人家庭的孩子，没有显赫的家世、也没有耀眼的容貌，更倒霉的是从自己记事开始，父母就天天关牛棚、遭批斗，他们头上还顶着"特务嫌疑分子"、"投机倒把"、"反革命"的高帽子。这样的环境加上略有缺陷的外貌，使得李国庆在童年乃至后来的人生中总是用一种过于激进的方式来思考和应对问题。

因为父亲的"罪名"影响了正在上学的哥哥姐姐和李国庆的"进步"，所以他追求进步的那个劲头比一般孩子都足。学习上刻苦是一方面，关键是小学时期的李国庆就能想到用"大义灭亲"的方法来表达自己思想上的进步。他看到姐姐无意间把缝衣针插到了领袖像上，就能跑到街道去"举报"，这一"壮举"让居委会的爷爷奶奶们特别欣慰，都说老李家出了明白人。

"文革"结束后，李国庆父亲的问题也得到了"平反"。以前做买卖时的老朋友来北京找他，希望他能重出江湖，把贸易公司再开起来。老爷子害怕经商会再次连累孩子们，硬是没有答应。

当当网做大之后，也有记者采访了李国庆的母亲。老太太使劲回忆儿子小时候有什么"天赋异禀"的征兆，绞尽脑汁后想到了他在小学二年级时说的一句话。当时是20世纪70年代初期，全国正在轰轰烈烈地开展"上山下乡"运动，李国庆所在的大杂院，每家都有哥哥姐姐要离开父母到农村去。每次临行前，亲人们都会一送再送，抱头痛哭。李国庆见多了这样的场面，就对母亲说："我长大了要当北京市的市长，让去农村吃苦的哥哥姐姐们都回来。"听了这样孩子气的愿望，母亲一笑而过。但是，后来看到李国庆在中学大学都当学生会主席，她觉得这个儿子还真是喜欢改变别人的命运，从政也许是个不错的选择。

小学、初中，李国庆都属于积极要求进步的"零缺点""三好学生"。这种说法是有事实为依据的，满墙的奖状就是证明。少年时期的李国庆充满了正义感，喜欢帮助后进生，喜欢作为学生代表向学校提意见。他还喜欢向老师举报哥哥不小心犯下的错误，"大公无私"的样子让母亲又气又笑。母亲私下里曾劝他"搂着点儿"，但李国庆我行我素，坚持认为这样做才是真正的模范生。

哥哥姐姐们说起这个弟弟，一致认为他在少年时代经常"干傻事、冒傻气"，总想做点与众不同的事。这一点在若干年后他的微博引起广泛关注后得到进一步的证实，有人评价他"一贯的鲁智深的风格，直话直说"。

当然了，在这件事情上，最有发言权的当属李国庆的老婆兼创业伙伴——俞渝。俞渝半是甜蜜半是调侃地说："李国庆就是一个性情中人，是比较二的一个人。真该让他到美国刷几年盘子，他就不这样了。"

李国庆是在北师大第二附属中学读的高中，在这个青春躁动的年纪，他每天读的都是《钢铁是怎样炼成的》《约翰·克里斯朵夫》这些很主流的文学名著。虽然他不是北师大的子弟生，但这不妨碍李国庆脱颖而出，成为高中的学生会主席。

那个时候，可以说是李国庆追求"自我价值"的人生阶段。他曾组织全校同学集体罢饭，抵制食堂难以下咽的大锅饭，代价是他不得不写了一份"深刻的"书面检查，向全校广播了一遍。这还不算，曾经荣膺"北京市新长征青年突击手"称号的李国庆居然没能在高中时期光荣入党，这件事在当时算是对他一个不大不小的打击。不过那时他还没有绝望，毕竟高中就能入党的是少数，不是还有四年的大学时间吗。他没有想到的是，大学期间自己那么风光，依然被党组织"拒绝"在门外。

1983 年，李国庆高中毕业了。他认真分析了一下，觉得自己的逻辑思维能力不错，口才也不错，准备报考法律系，将来做个"舌战群儒"的大律师。可是这一年北京大学新开了社会学系，让李国庆极为心动。在他看来，"社会学就是改造社会的学科"，太符合自己的社会理想了，他毫不犹豫地报考了尚属冷门的社会学系。这个选择与十年后江苏考生刘强东的选择不谋而合，更为巧合的是两位同样毕业于名牌大学的社会学才子都没有从政，都选择了下海经商，还都成为中国互联网时代的风云人物。

2．北大"风云男"李国庆

> 我要组织同学砸烂你这个封建牢笼，这个封建的
> 枷锁必须砸烂！
> ——李国庆在北大任学生会副主席期间带领恋
> 爱中的男女向宿管阿姨宣战

虽然说在重点高中就读的李国庆不怵高考，但他没有因此而放松自己，还是一贯地努力学习，以"模范生"的标准严格要求自己。他考入北大时的成绩是全系第一名，大学期间也一直名列前茅，还时常发表论文，在同系的学生中颇有名气。

用李国庆的大学同学，后来的尊宝音响有限公司总经理杨小冬的话来说，李国庆的知名度从新生报到那一天就开始显现了。补充一下，杨小冬的左右脸也有点不平衡，"同是天涯沦落人"的遭遇让两个人在北大期间成为最铁的哥们儿。

杨小冬回忆说："新生报到那天，大部分北京的考生都知道有个李国庆，尤其是师大一附中、师大二附中、师大系统的更熟。他是那种跟谁都不见外的人，跟谁都能搭讪的人。"李国庆这种自来熟的性格为他日后创业积攒了不少人脉关系，成名之后的李国庆曾经感叹："人脉关系对我太重要了。以我做企业的经历，我的感受是，有许多机会，给谁都一样，但是为什么给你？靠的就是人品和人脉关系。"

李国庆在北大读书期间，像一个双面人，活得比较纠结。一方

面他认真读书，竭力保持名列前茅的学习成绩；另一方面他不安分于校园生活，除了活跃地参加各种社会实践之外，还喜欢继续挑战权威，做一些"惊世骇俗"的高调表演。比方说大学期间他又重复了高中时期的壮举，带领学生们抗议食堂的伙食质量；他还曾抱怨学校安排的课程有问题，领着同学们闹了三次，直到学校取消了那门课程为止。

李国庆有点倔强，有点较真，同时也很有正义感，是北大学子眼里的"正义使者"，爱打抱不平，敢替其他同学说话，甚至连领导的面子也不给。

那时候学校对学生谈恋爱还是颇有微词的，尤其反对那些借电话传情表爱的学生，认为他们耽误学习。有一次，公用电话出了故障，学校领导就故意不安排人修理。

可李国庆不干了，当着校长丁石孙的面跟总务处长较起真来。总务处长说学生"煲电话粥"会影响学习，在学校要以学习为主，因此没有修电话的必要。这番话激怒了李国庆，激动之余他对总务处长说：你这个老顽固，学生谈不谈恋爱是他们的自由，你只管修你的电话就是了！

还好，北大的学风比较自由，讲究"兼容并包"，校领导们并没有因为这件事给他小鞋穿。

不管在什么年代，北京大学学生会主席的含金量都是很高的。余杰曾经说过，90年代的北大学生会已经渗入了社会上的不良习性，不少学生为了当学生会主席费尽心机，拉赞助、请客送礼、拉选票等无所不用。这样看来，"60后"的李国庆还是比较幸运的，他念大学时同学们都还比较淳朴，同学们选举的学生会主席是那种不逢迎领导、敢于替学生出头的人。这样一来，本来就爱管闲事的李国庆顺利当选了。

新鲜出炉的北大学生会副主席李国庆很是"独领风骚"了一阵子。他很享受当家做主的感觉，坦言当上北大学生会的副主席之后，就"把我自己都当成校领导了，哪儿的电线杆子该修没修黑灯瞎火，我就直接打个电话，还不是我打，先让秘书拨好电话，我再拿过来。我说我是李国庆，三天内必须把这两个电线杆子路灯给我安好，安不好咱们下个月质询会见"。李国庆说，北大的最后两年，是他的个性最为膨胀的时期。

他最大胆的举措应该是为陷入热恋的同学们发放避孕套。当然了，这次不是敲锣打鼓地公开宣扬，而是将避孕套放到信封里，送给那些提前品尝禁果的男女学生们。最有意思的是，装着避孕套的信封上还印着"北京高等教育思想政治研究会"的字样，不明所以的人还以为这是给思想落后的学生上政治课呢。李国庆怕人家说他假公济私，大学四年竟然一次恋爱都没有谈。像是弥补自己大学期间没修"恋爱学分"的遗憾，李国庆在毕业之后结婚之前一口气谈了六次恋爱，"档期"始终没空过，用他的话说就是："剩男剩女不可怕，别闲着就行。"

除了向同学们发放免费的避孕套之外，李国庆在捍卫大学生恋爱方面还有壮举，那就是"砸烂封建枷锁"。当时北大的校规不允许学生谈恋爱，所以宿舍楼关门比较早。像女生宿舍楼通常都是晚上11点关楼门，在外人看来这个时间定的还算合理。可对于热恋的男女来说，不管多么晚关门，他们都嫌早。这其实是宿管阿姨和年轻人之间的代沟问题，发生矛盾不可避免。比如每天都会有晚归的女生被锁到门外的事情，紧接着就会有男朋友挺身而出，或恶言相向或低声乞求，希望宿管大妈能网开一面。

"英雄救美"或者说"骑士与巫婆"的"战斗"每天都会在女生宿舍楼门前上演，直到李国庆当了学生代表大会会长。李国庆的英雄主义是很强烈的，他听了很多男生的诉求之后，义无反顾地来为学生出头了。他走到宿管阿姨面前，理直气壮地对阿姨说："我是学生代表大会会长，你必须把门打开，从此不许锁！"可惜宿管阿姨不买账，仍旧不开门。

李国庆是要面子的人，这么多男生把他请过来，可门还是不开，这不是给他难堪吗？他就当着一对一对恋人的面发飙了。李国庆当场演说，慷慨激昂的具体内容大多已被淡忘了，但李国庆的同学还记得他当时大声叫嚣着"我要组织同学砸烂你这个封建牢笼，这个封建的枷锁必须砸烂"！关于这个片段，李国庆到现在还很自豪，总是说："在北大比我高三届、低四届的学生一定都还记得我当年的风采！"他可不是光口头说要砸烂封建枷锁，而是真的上前一脚将锁踹开了。李国庆经过此事后得出的结论是"好锁也经不住三鞋底子"。

李国庆"点子多、能折腾"，这几乎是所有北大同学都认可的事实。当时他也勤工俭学、参加社会实践，但是人家所谓的"勤工俭学"可不是去学校食堂刷盘子洗碗，或者看宿舍这类没有什么技术含量的工作，而是跑到校外跟着一些新创办的公司做策划。

30年前就敢在北京自主创业开公司的人堪称走在时代前沿的牛人。这些人的公司规模也许不大，但他们的思想超前，都极具感召力。像李国庆这样的热血青年就被人家领袖般的魅力吸引了，做着不要钱的"义工"。虽然挣不到什么工资，但李国庆的"社会实践"档次很高，是可以报销午餐和车费的那种。所以，从大三开始，李国庆出门已经养成了坐出租车的习惯。在当时，人们出行的交通工具大多是自行车或者公交车，像李国庆这样天天打车的异类很是拉风。参加社会实践除了满足李国庆打车报销路费的虚荣心之外，也让他了解了策划杂志或者报纸的流程和方法。成功或失败都是别人的事，但有心的李国庆因为从头至尾的参与，对这一挣钱模式有了更深入的了解。

还记得怎么称呼 80 年代的有钱人吗？没错，"万元户"！

那个年代"万元户"的稀缺程度相当于今天的"亿万富翁"。李国庆很争气，大学没毕业就成了"万元户"。这一点和十年后就读人民大学的刘强东相仿，那位更加年轻的网商新贵同样也是在毕业前夕就淘到了人生的第一桶金。这两个人的经验也许可以代表一部分成功人士的特色——"挣钱要趁早"。

谈到李国庆，80 年代一直担任北大校长的丁石孙还是很有印象的。丁校长是谦谦君子，他对李国庆的评价很有水平，说："李国庆是能闹，但都是正统的闹。"虽然老校长对李国庆的闹腾还算认可，但李国庆在北大四年闹腾出了那么大的名堂之后竟然没能被批准入党，这一点让他至今耿耿于怀。

一位知根知底的同学揭秘说："因为李国庆在大学期间是一个很极端、很有争议的人，所以没能入党。"他还说了，"李国庆是个怪人。一方面，他参加学生会、学代会这些组织；另一方面，他又不太忠诚于这些组织。他经常会冒出点跟主流意见不一样的观点，然后再平衡于两者之间。"看来，古人说的"有得必有失"还真是灵验，任何时候想要"兼得"都是不大可能的事情。

高中、大学两次入党的好时机都从李国庆手中溜走了。这两次"情理之中，意料之外"的失败让李国庆对"从政"产生了一种微不可察的、淡淡的疏离感。这种疏离感在他到政府机关干了三年就辞职下海的事情上体现得最明显。

3. 机关的水养不住李国庆这条鱼

> 妈，您儿子在中央做农村研究工作，所以您应该支持农产品涨价。我们城里人凭什么就该有肉吃，水果那么多年不涨价，农民日子能好过吗？
>
> ——李国庆毕业后被分配到国务院经验技术社会发展中心搞农村研究，他马上自觉维护起农民利益

俗话说"皇帝的女儿不愁嫁"，与之相似的是"北大的毕业生不愁工作"。尤其是 20 世纪 80 年代的北大毕业生，更是各大用人单位眼中的香饽饽。李国庆从北大社会学系毕业之后，被分配到了至今都很热门的政府机关。李国庆的接收单位有一个很响亮同时很拗口的名字——国务院经验技术社会发展中心（后来的国务院发展研究中心）。能有幸到这里上班的人还有一个公认的身份——国家领导人的"智囊"。李国庆作为一个刚毕业的大学生能成为"智囊团"的一员，在无数人看来都是烧高香修来的好机缘。

政府机关单位比较看重资历，无论能力如何，要出众都得从最基层工作做起，比如端茶倒水、扫地擦桌子之类的杂事，大学生也不例外。李国庆所在的办公室又偏偏都是局长级别的，整个办公室就他一个毛头小伙子，这样一来所有琐事都得李国庆一个人搞定，这些繁杂的活对他来说可真是折磨，满腔热情都用在打水、扫地上

了。他硬着头皮撑了两个星期，心情着实有点小郁闷。

这时，一位老领导找到李国庆，语重心长地跟他说："让你这个大学生每天做一些杂七杂八的事情是大材小用了，而且你每天上下班都需要打车，算下来一点也不划算啊！这样吧，这些扫地打水的事情以后你就别做了，你比我们忙，应该是我们给你打水扫地。"

老领导的话让李国庆丈二和尚摸不着头脑，"呵呵"笑了两声，过了一会儿才明白这是老领导跟自己开玩笑呢！其实"智囊团"的领导都很和善，是官员也是学者，平常不喜欢摆架子，但刚进机关没多久的李国庆一时半会没反应过来，也不敢接话。

李国庆的母亲时常会唠叨大葱、土豆又涨了几分钱的话题。每当李国庆听到后，他都会义正词严地"教育"老太太："妈，你儿子在中央做农村研究工作，所以您应该支持农产品涨价，我们城里人凭什么就该有肉吃，水果那么多年不涨价，农民日子能好过吗？"母亲对这个固执的儿子毫无办法，总是偷偷地对哥哥姐姐们说这个最小的儿子是"北大培养出来的书呆子"。

刚分配他做农村政策研究的时候，李国庆还是很兴奋的。他说上大三的时候，他们班的"有志青年"们就开始在一起讨论分配到什么样的用人单位才能更好地投入到"改革的洪流当中"去。最后他们得出的结论就是到国家某个部门的研究室去做"智囊"，这样才能实现这个理想。所以当他听说自己果真被分配到了"智囊团"，第一感觉就是终于能过一把"指点江山"的瘾了。

李国庆的工作证在北京还显不出多么优越，毕竟天子脚下，见过世面的人多了。但顶着国务院办事员的身份到了边远地区，他可就成了"远来的和尚"，既会"念经"，又无比威风。李国庆曾经到云南出差，遇到了堵车。堵车这事属于运气问题，一般人碰上都没有脾气，只能乖乖等着交警来疏导。可李国庆是急性子呀，他坐在车里憋了一会儿后，忍不住钻了出来。如果北大的校友看见李国庆当时不太平衡的瘦脸上露出的那种"忧国忧民"的"范儿"，肯定会说"北大学生会主席的那股劲头又回来了"。

他拿着工作证出现在了最拥堵的地方，说自己还有要务在身，耽误了时间就会耽误了大事等等，淳朴的云南老乡都很配合地让了路。结果，一场严重的堵车在交警赶来之前得到了圆满解决。李国庆对自己的"壮举"更是无比自豪，在以后和朋友聊天时也多次提及此事。

还有一次，李国庆跟几个朋友在舞厅玩。90年代初期，KTV还没兴起，原先规模参差不齐的舞厅正在向规模化和正规化转变，简陋的露天舞台逐渐被上档次的专业舞厅取代，并且开始向平民化发展，因此生意异常火暴。正当李国庆们玩得"嗨"的时候，舞池里突然一片混乱，原来是有人打架。热血青年李国庆一听赶紧上前阻止，舞厅里人多混杂，现场指挥不太管用，情急之下李国庆掏出了工作证，现场立刻变得安静了。

虽说在机关单位混日子，可李国庆的单位到底是国务院的直属部门，他可不敢抱有"一份报纸一杯茶，混吃等死盼天黑"的心态。况且他只是刚刚毕业的北大青年，用一句时髦的话来形容就是"血还未冷"，所以就不难理解他为什么都捧上金饭碗了，还依然不放弃写论文，或者研究"匈牙利早期工人合作组织"等形而上的东西。

在机关工作三年，李国庆除了每年参加两个课题的研究外，还写了上百万字的研究报告以及学术论文等。当时，曾有教授看过李国庆的论文后，打包票说他30岁之前"成名成家"。但李国庆辜负了这位教授的厚爱，没能在做职业学者的道路上坚持下去，反而对怎样包装学者，怎样让专家、学者们为他"爬格子"产生了兴趣。

北大时期，李国庆去"勤工俭学"或参与"社会实践"做的事情基本上都是和图书有关的。大二的时候，李国庆根据自己勤工俭学的经历写了一篇《论勤工俭学》的文章，在《北京日报》刊登且占了不小篇幅，这是他最早公开发表的文章。大二的第二个学期，李国庆开始策划并用一年的时间完成了一部28万字的著作——《中国社会改造之我见》。书中对农村和城市的发展作了分析，详细阐述了当时比较严重的社会问题，并提出了自己独到的建议。虽然书中的一些分析和描述还有点稚嫩，但并不妨碍李国庆展示自己的学术天赋。

自从完成这部《中国社会改造之我见》之后，李国庆在学校的名气逐渐扩散，引起了越来越多人的关注，也得到了很多师生的欣赏，尤其是受到了时任北大社会学系主任的袁方教授和社会学界重量级的人物于光远教授的青睐，赞扬他有思想、有见解。

对于北大文科生出身的李国庆来说，好像只有编书、写书这样的事情才能让他和"文化"沾点边。于是，他义无返顾地投入到了"图书大业"当中。当时，李国庆骄傲地宣称自己是北京图书市场最年轻最成功的主编之一，是出版社最欢迎的人物。但是，让他印象最深或者说以后被他提及最多的并不是他成功策划了什么书，而是"砸锅"的那一套"你我他"丛书。

80年代末的中国人都极为渴求知识，尤其对励志类的丛书怀有一种朝圣般的心态。李国庆对这种心态捕捉得很准确，但他最大的问题是犯了冒进的错误，将原本能够畅销的这套丛书印多了。本来如果只印1万套，肯定能让所有合伙人都乐得合不拢嘴。可一向"志存高远"的李国庆同志却主张印了10万套。一套书是9本，10万套是什么概念呢？即便是今天的畅销书也很少有一次印刷10万册的大手笔。

李国庆的冒进注定要吃亏。他清楚地记得"宣传、首发式都搞得轰轰烈烈，但书就是卖不完"。当时和李国庆合作的出版社是一家很新、很小的出版社，人家就是太相信李国庆国家干部和北大才子的双重身份，才欠着巨款印刷了10万套丛书。20多年前，近百万的印刷费、纸张费确实是一笔巨款。如果"你我他"丛书就这么亏了，出版社也只有破产一条路可走。

李国庆觉得这件事的责任在自己，出于一种亏欠的心理，他用了整整两年的时间在全国各地到处跑，把卖书当成了自己最大的使命。他抱着电话打给所有认识的人，请对方来帮忙推销这套丛书。什么工会啊、团中央啊、全国妇联组织啊、解放军总政治部啊，不管和图书沾不沾边，凡是他能拉上关系的单位他都一一求救。从这件事也不难看出李国庆其实是有侠义之心的人，他面冷心热，不愿意看到和自己合作过的人吃亏。

有一个最能体现他苦中作乐的段子，是他在武汉的推销经历。"你我他"丛书中的《成熟的魅力》、《如何激励人》、《幽默定律》等几本书在销售上都没大问题，关键是还有一本叫《乘九路车去天堂》的书闹了笑话。武汉当地接待他的人一听这个书名，马上就摇头表示帮不了忙。李国庆忙问为何，人家告诉他在武汉也有九路车，这趟车的终点站是火葬场。真是悲催，他组织的那帮编辑们好容易想出个不那么抽象的书名，却不小心犯了武汉人的忌讳。无奈，李国庆只好黯然离去，坐上火车之后发现自己已经身无分文了。最后实在饿得不行了，他拿了一套书换了两盒盒饭慰劳了自己。那个肯用两盒盒饭来换李国庆一套图书的列车员肯定没有想到，自己的一念之善"挽救"了未来卖书卖得最好的"中国第一人"。用余秋雨的话来说，那就是"这两盒盒饭都带着一种人文的温度"。这个段子是李国庆在功成名就之后当作笑料讲出来的，从笑话中也可以看出他当时的不易。

　　李国庆想，总是利用业余时间编书卖书也不是个事啊。按照自己入学时幻想的"改造社会"的政治理想，进入国家机关可算是"万里长征的第一步"。如果他能按部就班地在这里熬资历，未尝不能成为"高干"。但是，李国庆是那种忍得了论资排辈的人吗？他要是不找点事来"折腾"，他就不是李国庆了。

　　果然，每天打出租车上班到单位为前辈们擦桌子、扫地、打开水的"小李"老实了三年之后办了停薪留职，下海去了。没有毅然辞职，而是保留着"国家干部"的身份，这一点说明李国庆还是留有余地的，万一经商不成功，不至于连"退一步海阔天空"的机会都丧失了。

　　他所特有的北京爷们的那种可以称之为"贫"的好口才，使他与什么样的人都能快速地沟通，找到双方都感兴趣的话题。这种"贫"在他成名之后更突出一些，因为粉丝多了，喜欢他和喜欢骂他的人也都多了。但是在未成名的日子里，李国庆一直在以一种"堂·吉诃德"般的孤独奋斗来证明自己的价值。

第二章
"前当当时代"的那些故事

当当网成立之后，李国庆觉得自己总算踏上了"成功人士"的金光大道。所以我们不妨将当当网的出现看作李国庆人生的一个重大转折点，那么当当网之前的时间自然而然就有了新名字——"前当当时代"。本章讲述北大才子如何从人人羡慕的国家机关"挂印"而出，在资本市场玩得不亦乐乎。

1. 开公司也跟风

> 我创业这么多年一共横跨了 10 个不同的领域，曾创办过广告公司、做银行代办，还在 90 年代办过出租汽车公司。我认为，创业最重要的就是企业家天才之想，20 世纪 80 年代哈佛商学院把这个叫做商业模式，赢利模式，企业家素质。这个天才之想实际上是这个企业能不能成功，能不能变成一个最大企业的重要东西。
>
> ——成功后的李国庆讲到创业时谈自己的体会

对于研究中国近 20 年商业公司发展历程的人来说，习惯上把 1992 年当作一道分水岭。

这一年之前，"公司"这两个字在中国老百姓眼中绝对是新鲜事物，谁要是在那会儿毅然下海去"投机倒把"做买卖，既让人羡慕又让人担心，甚至有点"亲者痛仇者快"的意思。但在这一年，邓小平同志"南巡谈话"了，还亲自在"祖国的南海边画了一个圈"，这可是改革开放的邀请函啊！之后马上就有"嗅觉灵敏"、"胆大包天"、"不安分"、"有头脑"的人纷纷注册公司，一时间，各种"公司"如雨后春笋般遍布中国的大街小巷。

我们能叫出名字来的成功企业家大都是在 1992 年前率先下海的那一批勇士。张近东、张大中、冯仑、任志强等人加上曾经辉煌过的牟其中、黄光裕，都属于胆识过人之辈。与李国庆同龄的阿里巴巴当家人马云还算"搂着点"的，他从 1991 年开始一边当英语老师，一边和几个朋友一起创办了海博翻译社，相当于一只脚踏入了商界。

李国庆是北京爷们儿，做什么事都讲究个"面子"问题。既然决定下海了，那也不能从摆地摊卖袜子的小打小闹做起。他联系了几个与他一样不甘寂寞的同道中人，创办了一个叫"科文图书"的机构。那会还不兴有限责任公司这样时髦的名称，李国庆总经理就把"科文图书"挂靠到了北京大学燕园街道办事处的名下。

李国庆最初的几个盟友，与他一样，都是别人眼中极好单位的领导。包括中国文联出版公司的副总裁、燕山出版社的负责人、北京出版社的副社长等文化圈的"人物"，只有李国庆所属的国务院发展研究中心和他们成立的新公司不搭边。但是李国庆从大学开始就和出版社、编辑部打交道，做这行绝对是轻车熟路，那份专业劲儿让其他几位合伙人心甘情愿把他推上了"总经理"的宝座。

"科文图书"成立之初，并没有往科普类、科技类方面的图书发展，而是做李国庆熟悉的文史哲那一块。当时可没有当当网这么方便的电子图书商城，也没有随时随地可以无限浏览的网络或者手机，人们想要充实自己的头脑或者装点自己的门面都需要通过购买纸质书来实现。李国庆就依靠自己在出版界积累的人脉关系，不断将自己"攒的"文史哲图书批发给经销商，居然赚了不少钱。

挣到钱的李国庆又不满足于单纯地攒书、卖书这样的"小买卖"了。他有了一个很超前的意识，那就是"扩大产业链"。不是有句比较流行的官方语言叫"两手都要抓，两手都要硬"吗？李国庆在人家"两只手"的基础上还翻了番，他决定"四面出击"、"四面开花"。

2. 含义深刻的"科文经贸总公司"

> 得起个好名字，把科技、科学、文化、经济、贸易全部包进去，所以我的公司就叫科文经贸总公司。还有个总字，这表明接下来我还会开很多的分公司。
>
> ——李国庆不无得意地谈当年创办公司时想到的最大气的名字

当"科文图书"还挂靠在燕园街道办事处的时候，李国庆从来不敢考虑什么固定资产的问题。他当时的账上除了几个 BP 机之外，场地、桌椅、办公用品都是租来的。按照他的说法是："一个企业姓什么都弄不清楚，哪敢弄固定资产？"

当街道办事处表示可以通过提供政策优惠换取一点科文公司的股份时，李国庆毫不犹豫地拒绝了对方的"好意"，直言："劳您费心了，我们科文不需要任何优惠政策。交够管理费，公司都是我的。"那个时刻他就表明自己的态度，公司的控制权必须要抓在自己手里。

知道这个典故，我们就不难理解为什么后来的李国庆总是和风投矛盾不断了。从这件小事上我们也可以发现，李国庆表面看是那种大大咧咧、无话不说的人，但他也有谨慎、小心的一面，尤其关于股权归属问题，不允许任何意外发生。

我们上文说过，1992 年之前，开公司的人或许不那么光明正大。

但在 1992 年之后，注册公司就像注册"当当"会员一样稀松平常了。

那个时候的李国庆野心很大，他四处找人托关系，成立了一个"北京市科文经贸总公司"。他说这名字不但听起来大气，还包罗万象，把"科文经贸"拆开，就是"科技、文化、经济、贸易"四大项。

李国庆的北大校友、点击科技的 CEO 王志东回忆当时办公司的情形，说自己 1992 年去工商局注册公司，按照规定老老实实地叫了"北京市海淀区新天地综合技术研究所"。可走到李国庆那一看，了不得，他愣是把显得小里小气的"某某区"三个字抹掉了，直接挂了"北京市××总公司"的牌子。后来一打听才知道，李国庆是托了关系，才将"海淀区燕园街道"给抹掉的。如果按照他当时的资金和规模来说，还没王志东的"技术研究所"大呢。其实，按照李国庆的脾气，干脆叫"中国某公司"才过瘾，可惜政策不允许，他只能退而求其次了。

到了 1993 年，李国庆的"科文经贸总公司"已经运转得像模像样了。旗下除了出版公司，还有广告公司、出租车公司，甚至包括煤炭、钢铁等能源生意。按照李国庆当时的想法，"凡是能赚钱的，逮着什么，做什么！"

他的父母看到儿子折腾出这么大的动静，只有两句话送给儿子。"第一，别累着。第二，别违法！"什么叫可怜天下父母心，这就是！

李国庆四面出击的结果确实是"四面开花"了，涉猎的每个行业都小有斩获，每年的利润加起来也到了四五百万元的样子，远超他当年卖书时想要买辆奔驰车的理想。

如果说创业之初是一个需要不断做加法的过程，那么当事业逐步走入正轨之后就需要通过减法来把冗余的或者缺少后劲的部分去掉了。当然，眼睁睁地看着自己一手创办的子公司成为别人的"孩子"，那种心情肯定不会太好受。李国庆就曾经历过"做减法"的阵痛阶段。

就拿"科文出租车"来说，主管部门因为出租行业的发展势头过于迅猛，担心垄断，强令限制增加出租车辆。像是专门针对李国庆的出租车公司出台的"限制令"，导致的最终结果是"科文出租车"始终没有做大做强。李国庆再三思量之后，决定不在一项没有前途的事业上耗费精力，忍痛将其卖掉了。

他的贸易公司也是同样的命运。尽管当年倒腾点煤炭、钢材也能挣不少钱，但是太牵扯精力了。而且按照李国庆的思路，挣钱没有错，但通过什么方式来挣钱才是问题的关键。他是读书人，而且是中国最高等学府出来的高材生，他觉得不管是"倒爷"还是"个体户"，都和自己的身份不符，所以仅仅保留了和文化人沾边的科文广告和科文图书公司，而把科文出租汽车和科文贸易两家公司卖掉了。

3. 当艰苦成为习惯

我觉得自己怎么像个骗子，我值这么多钱吗？
——当卢森堡剑桥集团决定向李国庆投资的时候，他狂喜和不敢相信

当艰苦成为一种习惯，别人眼中的苦日子在自己看来也就不能称之为"苦"了。可是当你刚刚习惯了艰苦的时候，好运突然降临，这样的适应就是一种"甜蜜的痛苦"了。

李国庆一个人支撑着"科文经贸总公司"过了好几年大钱不赚、小钱不断的平常日子，然后突然之间被一家外国风投公司看中了。凭空有人站出来说要给他注资 100 万美元，帮助他把公司做大做强，这样的好事任谁都会幸福得眩晕吧。

那是 1996 年的事情，这一年李国庆和初恋女友终于结束长达 5 年的爱情长跑，和平分手了。也许真是应了那句"情场失意、赌场得意"的老话，失恋的李国庆得到了创业途中的第一笔外来资金。

这次机遇的创造者是来自美国的卢森堡剑桥控股公司（英文缩写是 LCHG，以下简称卢森堡剑桥）。还好，卢森堡剑桥不算太黑，提出占股 30% 的投资建议，比后来亚马逊提出收购当当的 70% 的占比大方多了。

李国庆觉得这个条件可以接受，拿公司不到 1/3 的股份换来 100 万美元的投资，这笔买卖划得来。因为当时的经济大环境并不乐观，

尤其是民营企业前途迷茫,有了卢森堡剑桥的资金,李国庆就可以冲破民营企业普遍面临的困境,展翅高飞了。

当时有记者采访他,问他对这次风投的想法。李国庆大声感叹:"我原以为这个企业有几百万利润,就值几百万,没想到它会给我这么多。我甚至觉得自己怎么像个骗子,我值这么多钱吗?"

还有一句话,李国庆没有对记者说出口,那就是"早知道我值这么多钱,女朋友就不会和我吹了"。

在李国庆的创业之路上,卢森堡剑桥的出现多少有点千里马遇上伯乐的意思。虽然风投公司的职责就是物色各种"潜力股",争取在"潜力股"没有浮出水面的时候参股,等它发展壮大之后就可以分享胜利果实了,可是能在中国众多的新兴公司中选中科文公司,看来李国庆的运气也不错。这句话李国庆可能不太赞同,在他眼中,孩子还是自己的好,公司是自己的棒。科文公司当时就是全国一流的民营出版、传媒公司,撞上卢森堡剑桥的枪口也并非"运气使然",而是"专业对口"。

因为卢森堡剑桥控股公司是专门做出版和传媒业投资的,其他行业任你做出一朵花来,人家也不屑一顾。正是这份专注,才让李国庆有了突破的机会。以卢森堡剑桥公司多年在传媒、出版业的经验来看,这两个行业的利润就应该是 20～30 倍,所以人家并不觉得给多了。对于李国庆这种平民家庭出身又自主创业的年轻人来说,这笔钱显然是一笔巨款。他再三提醒自己一定要端住了,千万不要得意忘形,以免露出小家子气来。

通过与卢森堡剑桥的合作,他学到了不少东西。这对他几年后创办当当网有莫大的帮助。因为合作愉快,卢森堡剑桥又成为当当网的投资人之一,那是后话了。

本来卢森堡剑桥的意思是要把美国最大的出版公司"西蒙与舒

斯特"的副总挖过来，让他到北京来主持科文的日常工作。有西方大公司的高人过来帮自己打工，李国庆当然愿意。可是当他听说这位远道而来的副总裁光是工资就要一年 50 万美元的时候，他想了想刚刚到账的 100 万美元，一阵心疼。

"咱能不能商量一下？"李国庆说，"这个老外的工资标准太高了，我恐怕请不起。"

卢森堡剑桥就做了让步："这样吧，咱们让他上半年班，休息半年，你就给他 25 万美元好了。"

那也不成，25 万美元也是 200 万元人民币呢。"小气"的李国庆还是不同意。

最后争执的结果是先"试用"两年，试用期间，科文只管报销路费，不出工资；两年之后如果觉得离不开这老外，再签订聘用合同。李国庆这小算盘打得多好，他就不信凭自己北大才子的智商，花两年时间还学不到老外的管理精髓！也不知道卢森堡剑桥那边是怎么"忽悠"的，也许是背后又许以重利吧，反正这么不靠谱的事最后竟然撮合成了！

在科文成立的初期，公司一直在做"畅销书"，而且还做过一段时间的教辅教材书，这可是个赚钱的买卖，利润很高，让李国庆尝到了不少甜头。可是他非常清楚，做这种书风险比较大，政策随时调整，做书也呈现出"打一枪换一个地方"的状态，而且传播知识的作用并不强，这让北大才子李国庆觉得很没有成就感。

美国远道而来的"试用总裁"真有两下子，很快就进入了角色，没过多久就帮助科文策划出一份战略规划，还给李国庆提了两点建议，条条命中要害。第一是科文不要把重心放在制作出版"畅销书"上，因为"畅销"没有固定的标准，这本畅销了，下一本也许就会滞销，这样利润低、风险高的事情还是少接触为妙。第二是把出版眼光从文史哲丛书上拔出来，改做科技、专业类的书籍。"试用总裁"的建议也很有说服力，中国的人口太多，意识流太复杂，众口难调。如果继续在文史哲丛书这块土地上耕耘，就提前作好日薄西山的准备吧，只有在看似没有温度、冷冰冰的科技类专业书籍上才会获得丰厚利润。

对于在人文类书籍出版上付出多年心血的李国庆来说，这种转行也是一种痛苦的过程。好在他头脑理智，知道对方的建议是为公司的前途着想，就果断采纳了。他放弃了"畅销书"、教辅教材书这两块肥肉，把发展重心转为做科技、管理、医学等类型的学术图书。这种图书的知识性比较强，销量也很稳定，而且定价高，利润也很乐观，更重要的是，做这样的书能够真正地传播知识，给人带来比较强的成就感。辛苦了 3 年之后，李国庆骄傲地对出版界的朋友们说："在专业资讯、医学、经营管理方面，我们科文都走在全国的前列。"

他感叹："要是卢森堡剑桥没来，美国那位不领工资的哥们儿没提出来那两条建议，科文也许在 1998 年年底就穷途末路了。我们本来就没有什么远景规划、战略部署，一直都靠关系、靠投机抓一笔单子就做一笔，根本就没有考虑过将来。如果还按照我们原来的方式继续下去的话，规模扩大之时就是科文的必死之日。"

李国庆还要感谢的是从资本市场过来的"试用总裁"带给他的"正规"理念。那几年，科文一直都在照章纳税，一分钱都没少交过。有些哥们儿劝他赶紧雇一个会做假账的会计，那样能够节约成本。可是在这一点上李国庆固执了一次，他宁可增加成本，也要做一个现代化的正规企业。他想总不能因为自己是民营企业出身，就一辈子当不了正规军吧。所以他坚决执行遵纪守法的理念，这一点对当当网后来在美国上市应该是有所助益的。

　　国人对"偷税漏税"这个词很敏感，可是对民企到底负担什么程度的税赋了解得并不多。可笑的是，"偷税漏税"也因沾了某些娱乐明星的光，才让老百姓记住了这个与家长里短联系不大的概念。在李国庆和卢森堡剑桥合作之初，中国社会的税赋还是比较重的。而民企与国企还不同，属于"舅舅不疼姥姥不爱"的角色，不但享受不到国企的诸多优惠政策，连外资企业也多有不如。在这种情况下，李国庆还能坚持照章纳税，就显得很可贵了。

　　另外，李国庆骨子里的英雄主义也容不得他在零零碎碎、蝇营狗苟的小事上计较，他属于那种敢于搏击长空的鹰一样的凶猛动物，自信和自负都同样突出。

4. 科文剑桥的辉煌往事

> 审几个月的稿子,解决的都是"得地的"的问题。
>
> ——早年李国庆对出版的体制颇有怨言

20 世纪 90 年代,国内的经济发展迅猛,国家放宽了对民营企业的限制。但对出版业的管理却依旧非常严格,这一点从各个民营企业的名称上就能看出来。当时,做出版的民营公司有很多,但大家都是以"文化"二字作为招牌,想要申请一个带有"图书"二字的名称是难上加难。可是,就算再难,"北大狂人"李国庆也办到了。与卢森堡剑桥合资后,李国庆成立了北京科文剑桥图书公司,这是当时唯一的一家以"图书"二字命名的非国有出版公司,名称享有特权还不算,科文剑桥还拥有总发行权和零售权,基本上可以和国有的出版社平起平坐,由此可知李国庆当年有多牛气。

科文剑桥成立初期,公司在引进国外版权的图书时遇到了一些困难,因为对方来自牛气哄哄的资本主义社会,更愿意与在资本主义体制下成长起来的香港出版公司合作,对内地的出版公司不认可。他们这种"偏心"的行为让李国庆等人着实纠结了好一阵子。为了得到国外版权的图书,李国庆干脆在香港注册成立了一个分公司,专门负责海外科技图书的引进事宜,这才解决了"被歧视"的问题。这个分公司其实只是一个办事处,公司上下加起来也没有几个人,主要的工作还是在北京进行。

在俞渝的努力下，科文开始做引进版的图书，这对公司后来的发展很有帮助。科文在做引进版图书的初期，就与世界知名的麦克劳·希尔公司有过合作，出版了国内最早的一版 MBA 图书。

这套 MBA 图书出版后，市场的反应很好，大家争相购买，李国庆还在公司内部掀起了学习这套 MBA 图书的热潮。有空时，李国庆就常常召集员工开会，会议的主题是——读书学习，就像六七十年代各村的支书带领群众学习毛泽东思想一样。他和大家一起学习，共同讨论书中的精彩内容，分享自己的读书心得。而且还把《战略管理》、《销售管理》等书定为下属们的必读书目，弄得员工们一有空就捧着这些书苦读，害怕万一哪天老总提问，答不出来可就丢人了。李国庆读书从来都不是死读，他一边读一边思考，把书中的理论知识与公司的发展结合起来，反复琢磨如何改进公司的发展模式，提高员工们的工作效率，加快公司的发展速度。公司的快速发展也证明了，他这一阶段的刻苦学习并没有白费。

麦克劳·希尔公司是美国一家综合性的大公司，称得上是大哥级的出版公司，不但经营出版业，还涉及金融、教育等领域，它的发展历程也堪称奇迹。麦克劳·希尔公司的历史要追溯到 1888 年。当时它不过是纽约一个名不见经传的小期刊社，创始人是两个铁路工程师，詹姆斯·H·麦克劳和约翰·希尔，出版的期刊也只涉及铁路工程方面的内容，而且一直没有发展得太大规模。直到 1919 年，合伙人约翰·希尔去世后，詹姆斯·H·麦克劳把公司的名称改为麦克劳·希尔出版公司，出版图书的范围也越来越广——医药、科技、信息数据等等，规模非常大，在美国乃至整个世界都产生了很大的影响力。1996 年，麦克劳·希尔公司还收购了欧文公司，又增加了金融、经济管理、心理等类型图书的出版。1999 年，麦克劳·希尔公司在中国设立了代表处，与中国财政经济出版社、高等教育出版社、清华大学出版社等进行合作，对中国出版业的发展起到了很大的推动作用。

科文剑桥在出版界站稳脚跟，有了一定的赢利后，为了得到更好的发展，李国庆也经常请合作伙伴卢森堡剑桥帮助规划公司的蓝图，如用几年时间做到什么程度，具体有什么计划等，就像国家经常出台第 N 个五年计划一样。理想非常美好，现实往往不尽如人意，虽然伙伴的建议给了李国庆很多启发，但仍然无法避免走一些弯路。

有了外来投资后，公司的发展态势很不错，也赢利了不少，账面上的数字很可观。但是，科文剑桥高层的管理能力并没有跟着公司的发展规模同步增长。打个比方，从前公司规模在 500 万元的时候，高层们执行了一套比较合理的管理模式，而且确实推动了科文剑桥这只船在商海中快速行驶。但是，随着公司急速发展，规模已经扩大到 1 亿元，那么管理模式就一定要有所改变。可惜李国庆等高层却没有适时作出调整，依旧沿用了从前的管理思路和方法，恰如马克思所说的"落后的生产关系无法适应先进的生产力的发展"，从而使公司的发展受到了一定的限制。不过李国庆等人不是等闲之辈，学习能力比较强，在俞渝的帮助下，他们很快转变管理模式，解决这个"生产关系制约生产力发展"的问题。

让科文剑桥的发展出现波折的还有一个大项目——上马外版医学图书。事情的经过是这样的：卢森堡剑桥给李国庆介绍了一个人——艾瑞克·纽曼，这个人可是美国医学界的大腕，人脉很广，能接触到许多最前沿的医学研究著作。通过他，科文剑桥可以拿到美国最新的、尚未出版的医学作品，而以前科文剑桥只是引进已经发行多年的经典著作，所以这次合作对于科文剑桥来说非常重要，这在国内出版领域也是个优势。

　　李国庆和纽曼合作之后，一口气引进了 30 余本医学著作，取名为《美国最新医学问答》，本来他还准备大展拳脚，但意想不到的困难出现了。

　　原来，李国庆也知道如果进军医学图书市场，在前期肯定要作好亏损的心理准备，他预计的亏损时间是 3 年。本以为 3 年之后就能在这个市场站稳脚跟，开始赢利。结果，苦熬 3 年后依然是在赔钱赚吆喝，甚至把以前其他项目上赚的钱也赔了不少。

　　这次失利主要是发行方面出了问题，科文剑桥以前的发行队伍擅长教辅公关，对医学这种专业图书的发行并不了解。在尝试了 N 种方法，更换了几批营销人员后，科文剑桥的经营状况还是没有什么改善，为此李国庆不得不放弃医学图书这块"诱人的蛋糕"。

　　这件事情，李国庆用了 3 年时间才弄明白，付出的代价是沉重的，科文赔了不少钱。为了尽快扭转形势，在 2001 年，李国庆不得已又重新进入健康、育儿等大众社科书领域。这类图书的特点是能长时期卖，读者群广，图书通俗易懂。一段时间后科文总算挣回了一点钱。缓过劲儿后，李国庆又开始消减在这类书上的投入，毕竟那时他的当当网已经做得有声有色，不再完全依靠自己的图书公司赢利了，很多部门都精简了六七成的人员。

　　与此同时，科文的教辅图书出版也被李国庆彻底裁掉，因为国家实施教改后，不再采用全国统一教材了，各地可根据自己的实际情况自定教材，而且每年都会有新的教育政策出现。教辅图书定价低，主要靠重复印刷大量销售赢利，每年一次的教材变化也让科文疲于应对，利润缩减到一年几十万元的地步，这种惨淡经营的买卖自然就被李国庆铁腕砍掉了。

　　科文剑桥是国内最早的合资出版公司，曾经有过辉煌的时期，在鼎盛的时候，它拥有全渠道的总发行权，西单的图书大厦还有它的专柜，这在非国有出版企业中可算是个特殊角色。在新华书店系统中，科文还有自己的账户，用来统计销量、结算书款，这些优惠条件让很多民营图书公司羡慕不已。但随着当当网的飞跃式发展，以传统出版为主的科文剑桥规模在迅速缩小，最后其经营重点以为当当网服务为主，几乎成为当当网的一个印制部门了。曾经被很多民营图书公司羡慕的科文剑桥就这样慢慢失宠了。

第三章
属于李国庆的那条鱼

一个北京男人，一个重庆女人，两个人都已经到了"剩男剩女"的年龄，却都还没有邂逅彼此的真爱。在异国他乡，两个人却意外地"对上眼"了。正如张爱玲所说的那样，"于千万人之中遇见你所遇见的人，于千万年之中，时间的无涯的荒野里，没有早一步，也没有晚一步，刚巧赶上了"。这就是李国庆和俞渝的纽约爱情故事。

1. 北京"老男人"的美国爱情故事

> 我的规划是如果想回到官场，那就找个大官给人家倒插门去；如果经商，那就要找一个在美国上过学的又有工作经验的来当太太，这样我就能游刃于东西方之间了。
>
> ——李国庆当年关于婚姻的规划

1996 年初，李国庆又去北京机场送别了自己结婚之前的最后一位"前女友"。这一次和从前没有什么区别，李国庆还是一如既往的大度，他深情地拥抱对方，拍着对方的后背祝福她在大洋彼岸过得幸福。

可是眼看着飞机冲上云端，李国庆突然间感觉自己身心疲惫。

他已经 32 岁了，在中国人的传统观念里，一个 32 岁的男人早就到了成家立业的年龄，而此时的李国庆却是标准的大龄男青年，或者说是"剩男"。

30 岁之前，李国庆觉得"结婚"是很遥远的事情，和自己没多大关系。别看他女朋友谈了一个又一个，却都没到谈婚论嫁的地步。也许女方最后反应过来"一切不以结婚为目的的恋爱都是耍流氓"，所以纷纷选择和他分手。因为李国庆有学历、有激情、有才华，可就是不安分。他曾经以为，女朋友们和他分手都是因为他不够伟大、不是钻石王老五，可是结婚后他才明白，原来不完全是女朋友们的

"过错"，自己也有对不住人家的地方。

人往往都是过了 30 岁之后，想法才会逐渐现实起来。现在，从北京机场走出来的李国庆就强烈地渴望有一个家庭，有一个贤惠的妻子和一个聪明活泼的孩子。他不知道，与此同时在美国纽约，有一个比他小一岁的中国女人也有了"洗手做羹汤"的愿望，想找一个值得托付的男人。

这个远在美国的 31 岁大龄"剩女"叫俞渝，是个重庆妹子。她 1965 年 5 月出生于重庆市中区小较场 25 号，现在的渝中区五一路附近。因为出生地的关系，父母给她起名为"渝"，也算是一种纪念。尽管在重庆出生，可父母没有时间照顾她，外婆身体又不太好，俞渝的父母就把她送到了无锡石塘湾的爷爷奶奶家。就这样，俞渝童年的大部分时间都在无锡度过。在石塘湾度过的时光让俞渝至今难忘，小木船的缓缓悠悠和让人唇齿留香的咸肉菜饭，在她童年的记忆里留下了不可磨灭的印象。

7 岁那年，父母把俞渝带到了北京，从此一家三口就在高校云集的海淀区安家落户了。算起来，她还是李国庆素未谋面的半个老乡呢。

俞渝念书的聪明劲儿丝毫不逊于李国庆，从小就被母亲当作未来的科学家培养。俞渝母亲的这个目标一方面显示了自己望女成凤的愿望，另一方面也说明俞渝有成为科学家的潜力。

1980 年，俞渝从育英中学毕业时正赶上北京外国语学院要办实验班，一共上 6 年，2 年预科，剩下 4 年是本科，不需要参加高考，等于大学预科和本科一起完成。俞渝的学习成绩一直名列前茅，因此顺利地进入实验班，免去了高考的刺激，学习生涯相对轻松一点。2 年的预科学习结束，要么参加高考，考到北大去；要么留在本校继续读本科。俞渝最终选择了北外，因为她找到了新的理想——当一名翻译官。

当时，到中国来访问和交流的外国教授都到北外分院上课，给学生讲欧洲、美洲历史和美国的一些专题研究。这些课程的内容很吸引人，并且国外的教育方式让俞渝乐在其中，轻轻松松地学到了知识。后来她回忆说："当时我们只有一位中国老师，剩下五六位老师都是外教，甚至连辅导员都没有。"由于学习很轻松，时间也充裕，俞渝在大二学期结束时便开始去校外做兼职，这样既能锻炼自己，还能挣点零花钱。当时俞渝每个月从家里领到的生活费是 19.5 元，而她在校外做翻译或者家教的兼职，一小时就能领到一百多元的工资。

不同于李国庆老幺的家庭地位，俞渝只有一个妹妹，两个人都是父母的掌上明珠。按理说，她应该属于娇生惯养那类的娇娇女。可实际上恰恰相反，身为大女儿的俞渝经常会挨打。被打的理由很简单，考试没考双百就打，不需要任何理由。俞渝说自己小时候很记仇，母亲打一回，她就在日历上画一道杠，年底的时候一"盘账"，足足有 270 道杠之多，被打的频率实在是太高了。

这种抗压抗挫折的经历对俞渝以后独自在美国打拼再到后来协助李国庆拉到国际投资大有帮助。

俞渝的母亲是高级知识分子，母女之间的关系并不像寻常母女一样亲密无间。由于小时候跟着爷爷奶奶长大，她直到 7 岁才和父母生活在一起，所以父母从来都是像对待大人一样对待她。俞渝觉得他们不了解小孩子，也不愿意倾听孩子的心声，只是按照他们自己的意愿来培养完美的乖宝宝。

在俞渝的记忆中，母亲连抱孩子这样的基本功都做不好，她最擅长的就是读书和考证。俞渝母亲大学学的是俄语，后来又自学英语、德语和日语。到了 50 岁的时候，还在考外贸员的上岗证。李国庆曾经调侃地说："在中国讲究专业户，有养鸡专业户、种粮专业户，咱家还出了一个考试专业户！"

有了这样热爱学习的母亲，俞渝小时候不考双百就挨打也就顺理成章了。俞渝到现在还不无委屈地说，"像我们这样的孩子就是知识分子父母的出气筒"。但是"考试专业户"的妈妈虽然有不近人情的一面，却也有清高正直的一面。李国庆就很感谢丈母娘当年没有天天逼着他买大房子来迎娶她女儿。俞渝母亲对自己女儿的期许很简单，就是做一个独立的有事业的成功女性。她从来不会要求女儿要嫁给多么有钱的老公，住多么豪华的别墅，那样的要求都太俗了。老太太希望女儿能当个科学家，去发现元素周期表上尚未发现的元素！

直到今天，俞渝的妈妈还会剪报，然后交给俞渝让她看看杨澜、于丹那样的成功女人在做些什么。老太太不知道自己的女儿如今也是无数年轻女孩心中成功女人的典范了。

在母亲的"棍棒"之下，本来就聪明要强的俞渝更是争气，小学时期几乎每次考试都能交出完美的答卷。

在命运的安排下，两个"模范生"不久之后相遇了。

李国庆公司这边有美国来的"试用总裁"帮着打理，他有了喘息的机会。正好有一个朋友在美国哥伦比亚大学马上就要毕业了，朋友向他发出了邀请，请他来参加自己的毕业典礼。最后一个"前女友"也走了以前的"前女友"们的老路子，跑到美国寻找真爱了，李国庆就很好奇能让中国女孩子们趋之若鹜的国家到底有多大的魅力。还有一个最重要的原因是李国庆作为一个有远见的企业家，他想到美国见识见识或者说考察一下什么是先进的资本主义市场。

种种原因交织在一起的结果，使第一次踏出国门的李国庆在美国结识了自己生命中最重要的女人。他们的相遇倒不是电影中惯用的"街头偶遇然后一见钟情"的桥段，而是有人介绍的。这两位职场精英的介绍人不是同行，是音乐家谭盾的太太黄静洁女士。

认识李国庆的人是黄静洁。这位精致优雅的上海女人随丈夫旅美追求梦想，除了偶尔帮谭盾的音乐填词之外，还想在国内办一本时尚杂志来实现自己的人生理想。李国庆是北京人，对报社、杂志社这一套流程又极为熟悉，黄静洁就让李国庆帮忙办理各项繁琐的手续。而俞渝恰好是黄静洁这本杂志的投资人之一，所以这一对大龄青年的爱情就在黄静洁有意无意的撮合下逐渐开始了。

当时，黄静洁给俞渝打电话："北京的李国庆来了，你能帮我招待一下他吗？"

俞渝："我有时间，但我认识你说的那位李国庆先生吗？"

黄静洁："以前不认识，以后就认识了。咱们的杂志能办起来，李国庆帮了很大的忙。所以你这个投资人有必要出面请人家吃顿饭，当面谢谢人家。"

俞渝还纳闷呢，请客没有问题，可为什么只让我一个人出面呢，应该是你和我一起请他才对。这句话还没说出来，黄静洁就偷笑着挂电话了，留下俞渝一个人纳闷去吧。黄静洁这样精明的人早就看出来俞渝已经有结婚成家的念头了。1995 年的时候，俞渝的一位老客户遇到了空难，不幸去世。这件事给俞渝的震撼很大，她从朋友的死亡中感受到了生命的脆弱和世事的无常。不自觉地，一向坚强如男人的俞渝也有了被一个可以称之为"老公"的男人悉心呵护的愿望。

两个年龄加在一起超过 60 岁的男女，两个头脑同样灵活的名校高材生，两个毕业之后都不依靠家庭独立创业的商界精英，碰到一起能擦出爱的火花吗？

这一天，纽约的一家高档饭店门口，出现了一男一女两张中国人的面孔。如果有"中国通"在场的话，肯定能听出来两个人说的都是标准的北京话。当时一部叫《北京人在纽约》的电视剧正在热播，李国庆对里面的一句台词很熟悉，"如果你爱他，请送他去纽约，因为那里是天堂；如果你恨他，请送他去纽约，因为那里是地狱……"今天能在纽约和同样来自北京的俞女士共进午餐，李国庆很自然地想起了这部电视剧。

俞渝虽然在美国呆了好几年，在事业上也颇为成功，但没有人规定女强人不能同时是文艺青年。回想起第一次跟李国庆见面的情景，俞渝说："见到李国庆的第一眼，有种似曾相识的感觉，不知道怎么回事我想起了以前看过的电影《庐山恋》，里面的男主角郭凯敏跟国庆有点像，还有我当年很喜欢的电视剧《蹉跎岁月》中的周里京，他们都是那种看起来聪明又有自己独特想法的男人。因为我自己也是比较有主见的人，所以我也希望将来的另一半能独挡半边天，经得起生活中的挫折，敢于闯荡。所以，当我看到国庆的时候，心里泛起了小小的波澜，偷偷地笑了起来。他看到我偷着乐，问我看到什么了。我有点不好意思地说'没什么'。"

事实证明一旦女人在心里将男人美化到偶像的程度，那么八成她是动心了。尽管俞渝后来总是强调李国庆不过是在她正渴望组建家庭的时间适时出现的一个男人，她才会那么快答应了他的求婚。可是她动了想成家的念头的时候，在美国同时追求俞渝的适龄青年很多，甚至还有人具备游艇和私人飞机这些昂贵的"泡妞道具"，也没见俞渝给人家机会。可见，李国庆当时的形象和气质还是很能打动俞渝这位"海归女"的。

既然李国庆给自己的第一印象不错，席间又频频向自己请教如何吸引资本投资这些比较专业的问题，俞渝也就毫无保留地倾囊相授了。俞渝在美国学习工作了将近十年，无论是理论知识还是实际经验都很丰富。她把自己对吸引投资的想法说出来，没想到李国庆竟然随身带着笔记本，将俞渝的意见一五一十地记录下来。看到人家如此重视自己的意见，俞渝对李国庆更满意了，觉得这个男人真实、坦诚，没有北京爷们常见的那种"天是老大，他是老二"的坏毛病。

李国庆呢，一边飞速地记笔记，一边庆幸听了黄静洁的话来见这位俞渝女士。要不是向人家请教，谁会这么负责任地向第一次见面的人说这么中肯的建议呢。在他眼中，中国的市场和人脉关系都是自己的强项，可是想把公司做大做强，想和外国的资本扯上关系，就需要一个对西方资本市场精通的人来帮助自己。眼前的姑娘不是挺好吗，有才华、有见识，长得文静又是单身，在华尔街工作多年，又不打算嫁给"洋鬼子"，这么多的优点集中在一个人身上，让李国庆突然有种捡到宝的感觉。

这次愉快的会面为李国庆和俞渝"未来的建交"奠定了良好的基础。如果他们其中一人有黄静洁或者谭盾的浪漫因子，没准这一顿饭也能敲定一桩好姻缘。可是对于一个国内小有名气的"个体户"和一个旅美多年的女金融专家来说，对一个初次见面的人托付终生是不可想象的事情，他们二人不约而同地选择将对方的好感藏在了心里，然后开始期待下一次的碰面。

2. "国庆，我们结婚吧！"

大妈，今天我这个小伙子的命运就交给您了，您想想办法帮我弄一盘咸鸭蛋吧。

——李国庆追求俞渝成功的杀手锏

一个月后，俞渝来北京做一个项目。下了飞机，她先给李国庆打了电话，告诉他"我来到你的地盘了，这回该你请客了"。这种不见外的语气让李国庆感到很兴奋，马上派司机到机场去接，然后直接送俞渝去酒店。

这样做的原因很简单：一方面是他对人家有好感，但不敢表现得过于猴急，怕把人家吓跑了，所以只安排了司机过去。虽然李国庆恋爱经验不少，但从没有遇上过像俞渝这个级别的"高智商雌性动物"。他的想法是矜持一点，端着点，千万别让人家看出自己的"狼子野心"。还有很现实的一面是，上次被俞渝洗脑之后，李国庆对于资本市场、投资市场这些概念有点开窍也有点懵懂，想再当面请教一下。

俞渝在纽约大学工商管理学院读的 MBA，是金融投资行业的行家里手。

1987 年 9 月 15 日，刚满 22 岁的俞渝带着自己的积蓄来到美国旧金山，学习国际商业专业。因为光顾着学习没时间挣钱，口袋里的积蓄很快花光了，俞渝便想起了以前的美方经理，请他帮忙为她推荐一份工作，半工半读。在刚上班之初，俞渝认识一位 MBA 毕业的女同事，常开车载她一起去公司，一来二去两人也熟络起来，于是这位同事建议俞渝也去读 MBA。

可学费从哪里来？自己的存款不够，就只有打工挣了。机械设备公司、轮胎公司、木材公司等都留下了俞渝的身影。

转眼就到了 1990 年。俞渝揣着这几年的积蓄准备去纽约大学继续深造，学习市场营销（Marketing）。由于兜里的资金有限，因此俞渝每天都关注银行的利率情况。一天，俞渝发现一家银行的利率比其他银行都高，便去咨询。说来也巧，俞渝正好碰到那家银行经理，当他了解到俞渝来自遥远的东方古国时表现出强烈的好奇心，两人聊了一会儿，经理问俞渝将来打算从事什么行业。俞渝说："准备去读市场营销。"那位经理听罢对俞渝说："读市场营销不如读金融，一年就挣 30 万美元！"

1992 年，俞渝获得了纽约大学工商管理学院金融及国际商务 MBA 学位，并且以优异的成绩被选为毕业生代表，在毕业典礼上发表了毕业感言。

在美国求学期间，半工半读的俞渝为一些企业做过项目，还为世界四大轮胎公司之一——固特异在中国的生产线和对中国的投资项目作过投资分析，对企业兼并和金融投资具有丰富的经验，并擅长为企业并购中的买方提供定价、融资，还能为企业提供收购形式、收购后业务整合等方面的服务，也能代表收购中的买方或卖方进行谈判，对项目的统筹安排也有足够的实力。想到这些，俞渝觉得自己完全能做更高级的工作，那种在大公司打杂的事对她来说没有任何挑战。

于是，俞渝在纽约开了自己的第一家公司——TRIPOD 国际公司。俞渝大学期间做兼职时积累的经验此时发挥了重要的作用，很多当年的客户愿意让俞渝为他们提供服务。对刚成立的公司来说，有一批稳定的客户是举足轻重的。

俞渝创办的 TRIPOD 国际公司服务领域比较广，涉及高新材料、钢铁企业、工程机械和食品、石油等方面，是一家企业兼财务顾问公司。

诚信和实力是俞渝最重要的招牌。开公司的那几年她尽心尽力地为客户创造财富，过硬的实力让金融巨子索罗斯也曾慕名而来，成为俞渝的客户，而她也不负众望，为客户创造的财富累计起来有上亿美元。在为客户服务的同时，俞渝更多地了解了金融方面的知识，也丰富了她的经验。

李国庆请俞渝吃海鲜，两个人边吃边聊。无意间谈到俞渝这次帮世界银行运作的项目能有多少收入，俞渝告诉他自己一天的佣金是好几千美元。听到这个数字，李国庆偷偷掐指一算，我的天！这个女人不简单。为啥？人家一天的收入比自己的"科文经贸总公司"一天的收入还要多。这个信息更加坚定了他追求俞渝的决心。

因为俞渝住的酒店距离李国庆的公司很近，这就导致俞渝在北京除了谈项目就是被李国庆"骚扰"。李国庆总是"顺便路过"这边，然后"顺便上来看看"。俞渝也不拆穿李国庆的小伎俩，安然地享受着被一个男人在乎的过程。说来也怪，北京城那么大，高级酒店那么多，为什么俞渝提前定好的酒店偏偏就在李国庆公司的对面呢？说是巧合，恐怕没人相信吧。关于这一点，李国庆也不挑明，理直气壮地享受着每天可以探视"心上人"的特权。

日久生情，这话一点不假。

如果李国庆只是出于礼节，回请了俞渝一次之后就没了下文，那两个人也就是泛泛之交了。可李国庆牢牢抓住了这次机会，每天都能以聚餐、打保龄球或者请教问题等种种理由邀请俞渝一起出去。

关于这份心思，俞渝的评价是"这个小伙子有很强的应变能力，值得交往"。

真正让两个人从若即若离的"普通朋友"关系升级到"男女朋友"关系的催化剂是一盘普通的咸鸭蛋。关于李国庆以一盘咸鸭蛋换来的爱情，还真是被他多次幸福地提及。

当时俞渝每天都有饭局，山珍海味的大餐吃得她一点胃口都没有了。李国庆为了讨好俞渝，就带她到小吃街品尝在美国绝对吃不着的特色小吃。两个人到了一家门面不大但是颇为干净的小饭馆，坐定之后，李国庆很豪气地说："女侠想吃点什么，随便点！"

俞渝倒也不客气，直接开口说："我想吃咸鸭蛋了。尤其想吃咸鸭蛋那香得流油的蛋黄。"

李国庆可没想到俞渝好这口，他已经瞥过菜单了，没有咸鸭蛋。

他故作镇定地问俞渝："是特别想吃咸鸭蛋吗？是非吃不可吗？"

俞渝特别肯定地点点头："特别想吃！"

李国庆站起来走到老板娘兼服务员身边，低声说道："大妈，今天我这个小伙子的命运就交给您了，您想想办法帮我弄一盘咸鸭蛋吧。"说完他还指了指俞渝。

大妈一副心领神会的模样，冲李国庆眨眨眼，"得了，包在大妈身上吧。"不一会儿，大妈就端着一盘咸鸭蛋回来了。结账的时候还悄悄告诉李国庆这些咸鸭蛋是跑了三家饭店才搞到的。

俞渝眼睛高度近视，但耳朵灵敏。她听见了李国庆和大妈关于咸鸭蛋的对话，对李国庆的好感剧增。

这件事之后，两人也算是挑明了关系，进入恋爱状态。

李国庆觉得有点拿不准，因为俞渝的条件实在是太好了，他有点不敢相信人家会看上自己。毕竟在美国她的追求者能排出二里地去，中间不乏华尔街的高管或者什么财团的继承人之类的。自己这点家底绝对入不了俞渝的法眼。

他打电话询问两人共同的朋友们，没想到众人一致认为这事不太可能成功。最让李国庆受打击的是，几乎每个人都认为如果俞渝和李国庆真结婚了的话，毫无疑问，俞渝是"下嫁"。

李国庆要是因为别人的几句话就放弃追求，那就不是李国庆了。他属于越挫越勇类型的，既然你们都不相信我能追上俞渝，我还非得把她娶到北京不可了，美国追求她的人开私人飞机怎么了，哥们甩开两条大长腿，跑得不比他们慢。

就这样，李国庆带着不服输的劲头向俞渝求婚了。

还是在北京的酒店，李国庆选了一个"天时地利人和"的黄道吉日，很柔情地向俞渝求婚了。可是俞渝没有拒绝，也没有马上答应。李国庆就将俞渝的不表态视为默许了，继续和人家约会。两个人还到墨西哥一起去旅游呢。他不知道的是，俞渝在美国的朋友们已经开始议论他们两个了。

"怎么回事，听说俞渝找了个北京的个体户谈恋爱呢。"

"是啊，听说是个开什么出版公司的小老板！"

"俞渝平时看着挺精的，怎么到大事上犯糊涂啊？这么多年多少多金的追求者放着不理，怎么喜欢上了北京的穷小子呢？"

"恋爱中的女人智商果然是零。"

……

总之，说什么的都有，但看好他们的人寥寥无几。

李国庆经过上次求婚之后，收敛了许多，不再提结不结婚的事情了。他估摸着，时间长了，全世界的亲朋好友都知道咱俩在恋爱，你就没法反悔了。可他没想到的是从墨西哥回来后，俞渝突然说："国庆，我们结婚吧！"

他只是求个婚而已，没想到俞渝更胆大，直接跨过订婚这一步，一谈就是结婚。李国庆不好意思地说："我爸妈还不知道咱俩谈恋爱的事情呢。马上通知他们要当公公婆婆了，你说老人家接受得了吗？"

俞渝的回答还是那么简洁干练，典型的美国做派，说："第一，我们两个人都老大不小了，也都经历过一些风雨，对待爱情婚姻比较理智了；第二，我们互相欣赏彼此的才干，性格上也能互补，对你以后的事业发展也有帮助；第三，我很珍惜我们这段姻缘，不想再浪费时间了。"

一二三条说下来之后，本来觉得自己口才还不错、逻辑思维能力也挺强的李国庆彻底无语。他二话不说，跟着俞渝到美国的结婚登记处领了证，在纽约成为合法夫妻。

后来提起俞渝"逼婚"这件事，李国庆总是故意装出一副"被迫当新郎"的样子，可他总是掩饰不住志得意满的幸福与"奸笑"。

这对创业夫妻从相识到结婚只用了短短五个月的时间，效率之高令人惊叹，像是经过了一场精密的计算，不肯浪费一分一毫的时间。

别看俞渝在美国那么独立，像个女权主义者，可骨子里还是恪守中国女性"嫁鸡随鸡"的传统。结婚之后，俞渝就放弃美国的事业，跟随李国庆回到了北京，加入了科文公司，听到消息的知情人跌碎了一地眼镜。

俞渝对回北京没有丝毫犹豫。她说："我结婚了，就要有妻子的样子。国庆在美国不适应，他不怎么会说英文，也不可能把他一手创建的公司转移到美国来。而我的适应性比较强，在哪里都能生存，所以我就跟着他回北京。"这番话很值得不能兼顾事业与家庭的女性朋友们借鉴啊。

李国庆对俞渝回北京辅佐自己的理由讲得更为有趣。他笑着说：

"俞渝对我说，国庆，我命里就是要辅佐一个人的，而你就是那个人。如果你是孙中山，我就是你的宋庆龄。"每次提到"命里辅佐一个人"这件事，李国庆都能讲得一本正经，然后把听者逗得哈哈直笑，笑完之后又会为俞渝的无私而感动。这样一个才华出众的女子心甘情愿地从舞台的中心退下来，选择陪伴在一个男人身边辅佐他，想必也是下了很大决心的。

3. 老婆，咱们把公司搬到网上吧！

> 当人们都认为美国网上卖书是瞎扯的时候，我开始和美国出版业沟通，网上卖书，不用租店面，不用印书目推荐，只需要在网络上搜索，找起来非常方便，很多硬性的成本降下来了。
>
> ——李国庆谈为什么要在网上卖书

中国有句俗语叫"成家立业"，人成家之后才会成熟，成熟之后，事业就更容易成功。这话放在李国庆身上还是比较合适的，遇到俞渝之前，创业有十年的李国庆也算小有成就，可是与结婚之后的飞速发展相比，以前的事业只能叫"还算不错的工作"罢了。人人都说某些女人具有"旺夫运"，俞渝绝对是个可以"旺夫"的女人。

对此李国庆完全赞同。他说在结婚之前，自己一直在苦苦拼争，但是一直也做不到想象中的那么大。他觉得在做当当网之前自己做着"一个很小的图书生意"，说它小是因为整个图书行业的生意只有300亿人民币，算上教材的话才有700亿元。而且，民营书店与国企的新华书店之间还有不可调和的矛盾，后者遍布全国的零售网点可不是摆设。

再说俞渝。作为北京爷们儿的新婚妻子，俞渝跟着李国庆回到了老公的"大本营"。但是在美国生活多年的商界女强人有点不习惯北京的生活节奏，总是觉得有哪些地方不对劲儿。拿购物来说，俞渝习惯了美国的 Shopping Mall，可是在中国的购物模式和美国是不一样的，中国的商场大都是按品牌分类的，你想买点什么单品，还得顺带着把这个品牌的其他东西都浏览一遍。这让俞渝觉得不太愉快，浪费时间，浪费感情，浪费精力。

一个女人的直觉往往是很奇怪的。俞渝从自身买东西不方便竟然联想到了李国庆的图书事业。她想我家国庆的图书大业不也和商场一样忽视消费者的实际需求吗？当我们不再把逛街当成乐趣，逛街的目的只是为了迅速得到自己想要的商品时，这种分类方式就成了一种束缚，对购物速度的极大的束缚。

她又想到自己逛西单图书大厦的经历，在那买书的体会比在商场买衣服还要糟糕。你不知道自己想要找的书在哪里，只能根据模糊指示如"文学类"、"艺术类"、"工具书类"等自己再一层一层、一排一排找过去。最无法忍受的是买完书后还不能统一结账，你必须到每一个楼层的收银台排一次队分开结账才行。

李国庆和俞渝在美国结婚那年，美国的互联网市场刚刚火起来。当时中国人对互联网都没有足够的了解，更不用说网上购物了。中国第一代网民可能记得，1994 年互联网上出现了全球第一家提供导航服务的网站，叫雅虎，其创始人是一位中国台湾移民，他的名字叫杨致远。杨致远在美国创业的时候仅仅 26 岁，比当时的李国庆还要年轻 4 岁。李国庆当时并不认识杨致远，但他在互联网上看到了新的希望。

李国庆通过不同的方式卖过书，像开书店、印书目、办中学生书友会等，各种传统的、新潮的、非主流的方式他都试过了，但都不怎么赚钱。提到卖书难，李国庆不无委屈地说："登报卖书吧，还不够给人家广告费的。学贝塔斯曼办个书友会吧，发现邮寄目录也挺费钱的。多开点实体书店吧，房租又那么贵。"

李国庆自打和俞渝结婚之后，脑子明显"与国际接轨"了，他开始关注以前只是当做游戏机玩的电脑，开始关注互联网的世界。当人们都认为美国网上卖书是瞎扯的时候，他开始和美国出版业沟通。通过不断地沟通和学习，李国庆了解到网上卖书的诸多好处，比如不用租店面，不用印书目推荐，只需要在网络上搜索，找起来非常方便，很多硬性的成本降下来了。

两口子把自己的想法都说了出来。一个是感性地认识到在国内买书不方便，另一个是理性地意识到在网上卖书将会是一个更为广阔的市场。两人一拍即合，开始考虑在中国建立网上卖书平台的可行性。

还是俞渝比较有经验，她在美国的时候就是亚马逊的高级会员了，经常在网上购买亚马逊推荐的产品，既方便又实惠。另外还有贝塔斯曼在线也做得不错。她把自己的经验分享给李国庆，让老公也亲自体验一下在网上买书的乐趣。

李国庆在网上买了几次书之后，敏锐地捕捉到了互联网书店的真正商机所在。在他看来，能缩短出版社与读者之间的距离就是网上卖书最大的优势所在。后来，他就经常去美国考察当地网络书店的情况，最后决定到网上卖书。他对俞渝说，我们做出版业的，经常会遇见这样的情况，一本新书北京都卖完了，外地图书市场才刚刚开始卖。可是北京的普通读者想买的话就没地方买了。如果把所有的图书都放到互联网上来卖，让全国甚至全世界的图书资源进行共享，我们能多赚多少钱啊！

网上书店的光明前途在挥手召唤李国庆夫妇的加入。

可是开网店只有满腔的热情和无比膨胀的信心显然是不够的。1996 年的中国并不具备发展电子商务的条件，比如说网民数量少，没有适合做图书配送的全国物流系统，以及没有动态更新的书目数据库等等难题都摆在眼前。想要一一克服它们，一是被动地等待网民数量的增多，二就是主动出击，着手建立中国可供书目数据库。

第四章

以亚马逊为榜样

2004 年 2 月，美国亚马逊公司派出的高级考察团悄然抵达北京，他们此行的主要目的是拜访立志要成为"中国亚马逊"的卓越和当当两家网络书店的当家人。一个月后，李国庆与陈年同时出现在某杂志封面，而那一期杂志的大标题赫然是："谁会成为中国的亚马逊？"亚马逊和李国庆之间究竟有着怎样不得不说的故事呢？

1. 研究"标本"亚马逊

> 我做企业开始，就想做一个自己的商业帝国。什么才算是商业帝国？我有一个很简单的标准，就是营业额能超过 100 亿元。中国的图书市场有 300 亿元，我超过 100 亿元，相当于把整个渠道都垄断了。所以，做百货是必须的也是一个水到渠成的选择。
>
> ——李国庆的梦想

在美国的时候，俞渝就是亚马逊的忠实客户。她觉得在亚马逊购物简单快捷，乐趣无穷，回国之后让她感到北京购物方式落伍的主要因素还是和她自己在亚马逊购物对比的结果。俞渝向李国庆推荐的第一个网上购物平台就是美国的亚马逊。

亚马逊除了是一条贯穿美洲热带雨林的大河的名字之外，它还是一个叫杰夫·贝索斯的美国男人于 1995 年在西雅图创立的电子商务网站的名字。最关键的是，"亚马逊"一开始也只做图书销售，后来随着公司不断发展，才扩展到了网上百货生意，卖起了 DVD、光盘、电脑、软件、衣服、家具等任何你能想到的商品。如今的亚马逊公司是美国最大的一家电子商务公司，是李国庆和俞渝在创业之初努力学习和模仿的对象。

俞渝在纽约的时候就听朋友提起过"杰夫·贝索斯"这个名字。

一来是两个人都在华尔街打拼过，属于闻名但没有见面的同行。此外，俞渝还听说贝索斯是一个很自大而且爱吹牛的家伙，这一点听起来很可爱，与华尔街常见的理智冷漠的同行有所不同。她把自己知道的这些情况讲给李国庆听，告诉他在别人口口相传中，普通人会变成无所不能的神人。所以别看亚马逊现在做得挺好，那也是普通人从无到有建立起来的，咱们完全可以模仿他。

李国庆向来就是"志当存高远"，听说了贝索斯的网络创业之路后，心中有了创办中国第一家网络图书公司的构想。换句话说，"当当网"在酝酿时期就一直有个标本摆在前面，供李国庆夫妻掰开揉碎仔细研磨。

当初贝索斯选择西雅图作为自己梦想开始的地方主要是喜欢这里有无数的小公司，有创业的那种氛围。贝索斯第一次在这里租了郊外的房子，除了房租便宜之外，还因为这所大房子有一个车库。贝索斯是个很会给自己找乐子的人，他一直很向往硅谷的创业故事，并认为"车库"是一块风水宝地。比如，哈雷就是在车库中创造出第一辆"哈雷摩托"、乔布斯就是在车库中创造了第一台"苹果电脑"、华特兄弟在车库成立了第一间迪斯尼工作室、斯坦福大学的两个年轻人则是在车库中建立了惠普公司……

贝索斯希望自己的亚马逊公司也能成为和苹果、惠普、迪斯尼那样知名的企业，有着相同的传奇经历，所以当他建立亚马逊网络书店后，坚持自己的第一张订单应该在车库中接到。事实的确如此，亚马逊的第一单生意就是在西雅图的车库中完成的。李国庆每次看到这个细节，都会莫明地想起自己曾经在地下室忘我工作的日子。

据说贝索斯创办电子商务网站的灵感来源于一组数据。当时他还在举世闻名的金融中心华尔街工作，他有一个无比响亮的外号——"华尔街神童"。某天，贝索斯从网上发现了这样一则消息：

互联网用户在过去的一年当中激增 2200%。这是怎样的速度啊！贝索斯惊叹，同时开始思索怎样在不断增长的互联网用户身上创造出属于自己的商业奇迹。

李国庆在俞渝的介绍中，知道贝索斯和自己是同龄人，是美国的一位古巴难民的后代。这一点也能和自己儿时的经历扯上关系，贝索斯的父亲是一位难民，自己的父亲在"文革"中是"坏分子"，这难道不是同命相连吗？贝索斯在中学时代当过班长和学生代表，高中毕业的时候还获得过代表美国高中毕业生最高荣誉的"美国优秀学生奖学金"，这不正和自己高中做过学生会主席，进入北大时是本系高考状元的经历很相似吗？最有意思的是贝索斯也放弃了在华尔街一家金融服务公司做副总裁而选择创业，让很多人感到可惜。当年李国庆离开国务院经济技术社会发展研究中心的时候，同样被无数人挽留过。

不同的是，贝索斯在他 30 岁那一年找准了自己毕生奋斗的方向，用 30 万美元的启动资金创建了全美第一家网络零售公司。而李国庆却落后了两年，到了 32 岁才发现电子商务的潜在市场。还好，落后得不是太多，中国的国情也有别于美国，但有了同龄人贝索斯做参考，李国庆相信自己的路也不会走错。

2000 年，美国记者罗伯特·罗斯写的《亚马逊网络书店传奇》一书传到中国，再次验证了"墙里开花墙外香"的不朽真理。当时正值中国互联网企业风起云涌的关键时刻，所以这本外国和尚念的经马上就成了畅销书，甚至成为了中国电子商务从业人员的标准教材。俞渝就要求自己的每一名员工必须阅读这本书，还将此书称为"亚马逊兵法"，将书中提到的很多东西都吸收到当当的发展中。

因为《亚马逊网络书店传奇》的内容比较翔实具体，涉及了亚马逊书店的缘起和特色、营销策略和经营方针、未来远景等等，有心的人肯定能够从中找到不少值得借鉴的经验，更何况有俞渝这种熟谙中美两国商业文化的人。

　　坚持阅读是李国庆和俞渝共同的生活习惯之一，所以我们可以肯定的是这本书一定被俞渝放到李国庆的书房、办公桌、床头甚至厕所每一个有可能阅读的地方。只有两个人都对亚马逊有了深入透彻的了解，才能更好地学习对方的策略。

2. 亚马逊的中国同行们

> 我在决策时基本遵循一个原则："听大多数人的意见，和少数人商量，一个人拍板。"
>
> ——李国庆申明自己不是一个专制的总裁

亚马逊公司在初创期间，只有 300 个顾客，并且还都是以免费试用的名义"忽悠"来的，根本没有利润可言。贝索斯对这种情况早就作好了心理准备，他没有把心思放在是否赢利上，而是关注公司是否能有良好的发展势头。他花了一年的时间来建设网站和建立数据库，力图在技术上、在软实力上站稳脚跟。贝索斯在美国创办亚马逊是 1995 年的事情，拿时间和空间离我们都比较近的当当网或者京东购物商城来说，他们自从公司创办以来也一直都处于亏损的状态。

这里有一个令贝索斯自豪、令中国的互联网创业者前仆后继地奔赴这一行业的数据：自 1995 年 7 月亚马逊网上书店正式开通之日起，呈现出每年 200% 的惊人增幅。每年翻着番上涨，这样的数据在传统行业恐怕穷其一生也难以见到。相比之下，这就是互联网创业的魅力所在，每年看着上涨的公司业绩，哪怕不赢利，内心也会被巨大的成就感填满。

亚马逊在开业的第一个月收到了来自美国 50 个州以及全世界 45 个国家的订单。什么叫覆盖面广，什么叫国际化运作，这不就是最好的证明吗？

战绩辉煌的亚马逊在忙碌了两年之后，到纳斯达克上市了。从上市的第一天起，它的股价就像过山车一样，无论是持有者还是旁观者都被晃得眼花缭乱，感觉刺激无比。亚马逊公司的发行价只有9美元，比2010年当当网上市的16美元还要低。可是刚过了一年多，也就是1998年11月份的时候，手中攥着亚马逊公司股票的大小股东们脸上都笑呵呵的。他们的股价在短短的一年半时间上涨了23倍，达到了209美元，说它创造了股票市场上的奇迹也不为过。逼近2000年股市崩溃之前，亚马逊的股价一路飙升到了400美元大关。这其中虽然绝大部分是网络泡沫膨胀的影响，但也从侧面说明了亚马逊公司的股票颇有上升潜力。

有人说："1999年网络泡沫崩溃幸存下来的网络巨头中，亚马逊无疑是最大的赢家之一，其对于网络的标杆作用不逊于埃菲尔铁塔之于巴黎！"20世纪末的股灾对于互联网企业来说绝对是巨大的冲击，但能够侥幸不死的公司在日后都爆发出了前所未有的生命张力。对于中国的互联网企业来说，这场破灭之战正好给了他们与曾经辉煌的世界级同行站在同一起跑线的机会。

2000年左右中国懵懂而又热闹的互联网世界，简直就是一群"60后"男人的大秀场。

1997年6月，26岁的宁波小伙子丁磊创立了网易，6年之后就成为中国内地首富；

1998年5月，与李国庆同岁的张朝阳从美国深造回国，这位麻省理工博士推出了"搜狐"网站，明确表示了自己的志向是做中国第一网站；

1998年12月，北大无线电电子学毕业的王志东创建新浪网，而后又率先在纳斯达克上市，一跃成为全球最大的中文网站；

1999 年 2 月，深圳大学的两名毕业生马化腾和张志东注册成立"深圳市腾讯计算机系统有限公司"，用一只可爱的小企鹅征服了全中国的互联网青年；

同样是在 1999 年，拥有北京大学和布法罗纽约州立大学双重文凭的技术型人才李彦宏在美国的硅谷成立"百度"，准备模仿谷歌的搜索引擎，做中文版"众里寻他千百度"的老大……

除了这些门户网站之外，购物网站也在此时悄然兴起。王峻涛的 8848 就是中国第一家在线销售软件图书的 B2C 网站，他也被互联网界公认为"电子商务之父"；与李国庆同年同月生的绍兴人马云也是在 1999 年，从北京外经贸部撤回杭州，建立了阿里巴巴，向自己的团队宣布他要做世界上最大的电子商务网站，听得年轻人热血沸腾，元老们直冒冷汗；2000 年，陈年和雷军这对搭档创立了卓越网，主营图书、音像、软件、玩具礼品、百货等商品……当然了，李国庆和俞渝夫妇也是众多忙碌的中国互联网界创业元老之一。

以上这些人都不会忘记，世纪之交那一刻，互联网泡沫崩溃有着多么巨大的破坏力。亚马逊在贝索斯的精心呵护下成为幸存者，但仍免不了遍体鳞伤。亚马逊的股价蒸发了 96%，如果没有一颗坚强的心，绝对无法承受这样的打击。还好，贝索斯当年只有 36 岁，他还足够年轻，有的是翻盘的机会。

按照贝索斯最初的创业计划，他打算在开业 4 ~ 5 年之后开始赢利。不巧的是，1995 年之后的 4 ~ 5 年正好赶上了那场危机。但是与同时期的其他美国互联网公司相比，亚马逊成功存活后，在 2002 年略有获利，到了 2004 年，纯利润高达 3 亿多美元。

可以说，经过贝索斯们的不断开拓，才有了如今全球兴盛的电子商务市场。而中国的李国庆等人正是在这些电商新贵的不断诱惑下，才毅然投身其中并获取成功的。

　　李国庆和俞渝从来都不否认，他们就是从模仿亚马逊开始，逐渐走出了属于自己的电商之路。当然了，俞渝说话办事滴水不漏，她比较有水平的说法是："从战略层面讲，我们真正模仿亚马逊的只有两点：一是多品种战略，即让顾客有更多选择；另一个就是价格战略，样样打折，用低价让顾客在当当得到实惠。"

3. 夫妻档"响当当"

　　　　对不起，您要是着急，还是先投门户网站吧。那样估计来钱快点。

　　　　——李国庆当年就敢硬气地回应投资方

　　1996 年，婚后的李国庆对互联网上开书店这件事产生了浓厚的兴趣，并开始着手行动。他准备创建中国第一份书目数据库，作为开网上书店的资本。可是当时中国的网民只有 100 万人左右，距离李国庆理想中的 1000 万人还差得很远。所以李国庆两口子一边筹建覆盖全国的数据库，一边等待中国互联网热潮的到来。

　　卢森堡剑桥集团本来就有科文公司 30% 的股份，所以李国庆的新动向也在集团视线范围内。当集团得知李国庆有意做"第一个吃螃蟹的先行者"，在中国做一个从无到有的开创性事业时，就把这件事汇报给了公司总部。

　　李国庆没想到的是自己理想中的网上书城还没开起来，就有风投公司肯为这个萌芽状态的数据库投钱了。卢森堡剑桥公司总部知道李国庆这个"伟大构思"后，认为这事靠谱，一下子砸进来 10 万美元。要不怎么叫"风投"呢，看来没有"风险"未必肯投资呢。

　　另外一个新的投资人是 IDG，即美国国际数据集团，两年之后，IDG 也成为当当网的大股东之一。就这样，一个新的"科文"成立了，全名为"北京科文书业信息技术有限公司"。李国庆觉得这个名字听起来比"科文经贸总公司"洋气了点，同时还多了些专业化、高科技的味道。新科文公司的最大出资方是卢森堡剑桥，当时的 10 万美金折合成人民币足有 83 万元，而李国庆和 IDG 的投资金额相等，都是 50 万元人民币。但是这项事业的主战场是中国，所以熟门熟路的李国庆当仁不让地出任公司的董事长一职。

由于这项工作在中国具有开创性，科文公司还得到了国家新闻出版署的大力支持。想一想李国庆在图书出版业打拼了 10 年，没有功劳也有苦劳，所以这个"大力支持"也就不难理解了。

并非所有的业内人士都能理解李国庆做这个数据库的目的，不少出版社的负责人就以为这小子说不定又是心血来潮，瞎折腾呢。但看在李国庆和自己相识多年的份儿上，也就大开方便之门，由着李国庆和他从北大临时招聘来的"兼职搜索队"一天天搜罗着每一家出版社的库存以及新书出版的情况。

有当当网之前，李国庆对校友的照顾体现在优先考虑北大图书馆系的在校生们，将他们作为自己建立书目数据库的骨干力量，没日没夜地去各家出版社的犄角旮旯翻阅那些蒙尘发黄的文字资料。李国庆和他的"临时团队"辛苦奋战的结果是一份"中国可供书目数据单"新鲜出炉了。

尽管有美国亚马逊作为参考，有卢森堡剑桥和美国国际数据两个共同投资方的支持，但李国庆的第一份数据做得也相当艰难。

他说："做数据库的时候，我也感到了这项任务十分艰巨。历来中国靠卖信息的企业都很难成长，因为中国的盗版市场实在是太厉害了。我们之所以咬着牙敢做，就是因为有美国的亚马逊作为参考，我们不怕赔。"

在李国庆的预计中，中国的网民什么时候达到 1000 万人，他就什么时候开办网上书店。可是 1997 年左右只有 100 多万人上网，他只能不断地完善自己那张"毛坯版"的数据库，然后静静等待。

他不着急，但投资人 IDG 着急了。

IDG 是全世界最大的信息技术出版、研究和风投公司，他们在中国的着眼点肯定不止李国庆一个人。后来的事实证明，他们确实有着脚踏多只船的实力，竟然在中国先后投资了 150 多个项目。几乎在看好李国庆的同时，IDG 还向搜狐、金蝶、搜房、易趣、百度、腾讯等或曾经辉煌或仍旧风光的互联网公司伸出了橄榄枝。

李国庆这边"光打雷不下雨"让 IDG 有点着急，他们总是对李国庆说"时间就是金钱"，希望他能早日进行商业实战，而非现在的"纸上谈兵"。

可李国庆不吃那一套，你爱催不催，我就按照自己的计划行事。我是执行董事长，公司该怎么发展首先得听我的。他坚持他的理由，但 IDG 并不明白李国庆是在帮他们省钱，不想花冤枉钱而已。当时中国的年轻人对互联网的使用还停在"看看新闻、打打游戏、发发邮件"的程度，距离到各大论坛上"灌灌水"，在网上买东西的路还很长。李国庆有时候实在忍不住对方的聒噪，就硬邦邦地回一句："对不起，您要是着急，还是先投门户网站吧。那样估计来钱快点。"

卢森堡剑桥倒是沉得住气，没有过多地催促李国庆。他们告诉李国庆，不要以为做书目数据库只是纯粹的前期准备工作，其实这也是可以赚钱的。

果然如卢森堡剑桥预言的那样，号称"中国第一个独立的图书信息数据库"问世后，马上引起了商家的关注。这让李国庆赚取了改变工作重心之后的第一桶金。

既然投资方这么急切地想要看到李国庆的实战能力，李国庆也不能总端着。他决定退让一步，不再等凑齐了 1000 万网民才"开工"。"打个八折吧"，李国庆和 IDG 讨价还价，"只要网民数到了

800 万，我就硬着头皮顶上去。"

到了 1999 年上半年，李国庆得到一笔高达 680 万美元的风投资金时，他决定将当当网推向市场，推向世界。

俞渝买的《亚马逊书店传奇》中提到了品牌战略的第一步就是起一个好的名字。贝索斯对"亚马逊"这一命名很慎重，认为一个响亮的名字会为公司的发展带来好运。"亚马逊"一开始叫"Cadabra"，这个名字来自"abracadabra"，是西方拼音语言中特有的一个"魔术字"。因为它有重复的元音出现，而且通常用在一段咒语的最后，其作用相当于中国古代茅山道士口中那句经典的"急急如律令"一样，意为我的咒语念完了。

本来是个挺有意思的名字，可是贝索斯的律师总是将其误听为"Cadaver（尸体）"，读音差不多，意思可就差别大了。恐怕没有一个老板愿意将自己的公司叫这样不吉利的名字吧。既然律师会听错，那么至少说明会有很多的网民也会听错，贝索斯果断放弃第一个名字，改为更为大气和霸气的"AMAZON"（亚马逊）。

选择"亚马逊"的原因也很简单，首先这是一条著名的河流，属于"地球人都知道"的高知名度品牌。其次是网站上的清单列表经常是以字母顺序来排列的，首位字母是"A"的话，肯定会加深网民的印象，最起码"混个脸儿熟"的目的达到了。最后的原因是贝索斯的雄心壮志了，虽然"亚马逊"刚刚成立，根本谈不上什么规模，但他内心是将"亚马逊"定位成全球最大的网上书店，所以用世界上水流量最大的河流来为公司命名，明确表明了自己对公司给予的厚望。

同理，李国庆和俞渝在为"当当网"起名字的时候，也是煞费苦心。虽然我们都知道，名字不过是个代号而已，但不可否认的是一家公司的名字确实比一个人的名字更重要。人名可以通俗，可以高雅，甚至可以用冷僻字，但作为公司的名字就不能随心所欲。你要保证不和别人重名的同时再让人家记住你，进而记住你所贩卖的产品或者服务。

俞渝和李国庆商量之后，一致认为"简单"最重要，只有简单才会朗朗上口，才更容易让人记住。最早他们想到的是"网上"这两个字，急匆匆地一查，发现别人早就抢先注册了。这两口子不但自己"谋杀"脑细胞，还发动所有的亲朋好友、公司员工一起出谋划策。俞渝甚至列了一个清单，将从"A"到"Z"能想到的好名字都摆到一起。如"A"开头就叫"阿诗玛"、"B"开头就叫"斑马"，总之林林总总一大堆。

两口子憋着劲儿非要起个不逊于"亚马逊"的名字出来。最后"叮叮"和"当当"被一致看好，俞渝就将两个名字都上报给了注册中心，结果"叮叮"已经被抢注了，那么"当当"这个幸运的名字就在自然选择的情况下耀世而出了。后来成立的网站有意无意地都跟风了。比如说"拍拍"、"圈圈"、"搜搜"等，很明显都是"当当"的小弟。

当当网初建时没有办公大楼，就在科文图书公司分出一间没有窗户的小屋给俞渝当办公室；没有员工，就在新浪首页发布一则招聘广告；没有专业的技术人员，这也不难，李国庆请来几个网络工程师，让他们帮忙做了几个页面之后，就把自己辛苦编纂的"中国图书可供书目"传了上去，开张大吉！

第五章
恩怨情仇话风投

投资者与创业者之间既相互利用又相互支持，关系当真是复杂之极。但有一点是很明确的，那就是投资者在选择投资对象时，肯定不是单单看中某个项目的前景，更重要的是还要看创业者的团队。一般来说，只有优势互补的团队才能吸引投资者的目光，融资方面才更容易取得成功。李国庆和俞渝恰恰就属于那种优势互补的团队核心或者说搭档。

1. 第一轮：IDG 慧眼识英雄

> 逼着我们快点办网上书店的是熊晓鸽和他的搭档周全，这个我很感激。如果没有他们，就没有当当网。
>
> ——李国庆表示自己的当当网能办起来，是 IDG 中国区的两名合伙人慧眼识珠的结果

很多专家或者学者喜欢将一件比较普遍的事情命名为"××现象"，以显示自己的渊博。最近就听说了一个"团队阿波罗现象"，不解释的话，还真云里雾里，不知道指的是什么。这个所谓的"团队阿波罗现象"，指的是一个优势互补的团队才是企业成功的关键因素，而一个全是由最聪明的人组成的团队反倒容易失败。这是为什么呢？据心理学家、成功学家分析，这是因为聪明的人都有主见，而一个团队里面聪明人多了就容易产生不同的理念，这种矛盾争执就会成为团队的弱点。

在中国内地十年来的互联网创业者中，朋友、同学的组合还真不鲜见，但是像李国庆和俞渝这样的夫妻档就比较罕见了。他们两个人之所以在创业初期就能够得到投资人的信赖，得到大笔的风险资金，估计与他们是一对互补的组合有莫大的关系。男主内、女主外，内外分明就是李国庆和俞渝的组合特色。正是他们两个人各司其职、分工明确，才让一个又一个的风投公司前来考察投资价值。

　　如果说创业者与"风投"公司的关系是所有的商业关系中最为复杂的，那么李国庆和风投公司之间的恩怨情仇恐怕就更加错综复杂了。对于风投公司来说，选择有发展潜力的创业者，然后以最少的资金获取最高的回报是他们的最终目的；而对于创业者来说，能得到一笔或者几笔较大规模的资金支持，发展自己的事业，即使创业失败了也不会背上任何债务，这是风投最吸引他们的地方。

　　可见风投公司和创业者生来就是不平等的。一方资金充足，不断寻找可以把钱放心交出去的对象；另一方饱含创业的激情和梦想，只差能够启动梦想的资金。这种情况下，绝大部分的创业者对风投公司都是感恩戴德。可是李国庆不一样，惹毛了他，他就敢跟风投公司的人拍桌子瞪眼，冷语相向。

　　说起李国庆与风投公司的接触，那就要追溯到 1996 年当当网成立之前了。当时最早与李国庆接触的风投公司是来自美国的卢森堡剑桥集团。这家专业做出版和传媒的风投公司慧眼识英雄，早在李国庆创办"科文经贸"的时候就向该公司投入了 100 万美元，成为科文的股东之一。多年以来，卢森堡剑桥和李国庆合作愉快，双方各取所需，都得到了自己想要的结果。

　　另一家在李国庆创业早期就参与进来的风投公司是美国国际数据集团，即大名鼎鼎的 IDG。同样是在 1996 年，IDG 中国区总裁熊晓鸽就认识了李国庆。正是在他的建议下，李国庆决心建立中国第一份电子书目数据库。1997 年，李国庆成立科文信息技术有限公司的时候，熊晓鸽和卢森堡剑桥就共同出资支持过李国庆。

　　当时，熊晓鸽不断催促李国庆早点做网上书店。可是李国庆态度很坚决："中国网民数量太少，强行去做的话，浪费钱还看不到成功的希望。"这样，IDG 又耐着性子等了两年，期间催促的次数也越来越多，李国庆却丝毫不担心风投公司耗不起，转投别家去。就凭这样的心理素质，李国庆不去创业都是浪费人才。

到了 1999 年，也就是当当网成立那一年，IDG 再次郑重建议：可供书目数据库已经建成了，再不开网上书店的话，以后肯定要付出成倍的代价。李国庆和俞渝商量了一下，觉得网民数量虽然没有预计中的 1000 万，但是 800 万也不算少了，况且数据库都做成了，也到了需要检验的时刻。现在只要熊晓鸽给的价钱合适，那就可以考虑开业了。

IDG 一看李国庆终于点头了，马上又送来了 150 万美元的风险资金。这个价钱应该是 IDG 高层仔细研究的结果。一年前，他们给马化腾的 QQ 投资是 220 万美元；一年后，他们给李彦宏的百度也是投资了 150 万美元。看来，IDG 资本在中国的投资一开始就抱定了"广种薄收"的思想准备，对各家的投资差别都不是很大。但是，后来的结果使 IDG 中国区的合伙人倍感欣喜，几乎每一家都为他们带回了十几倍、几十倍甚至上百倍的回报。

提起 IDG，可能普通人有些陌生，但是内地的互联网企业对这位大金主实在是再熟悉不过了。因为 IDG 公司旗下的 IDG 资本是该公司专门用于投资中国市场的专属资金，资本规模高达 25 亿美元，其雄厚的经济实力是很多创业公司梦寐以求的天使资金。

IDG 是一家与李国庆同龄的公司，总部设在美国波士顿，它也是目前世界上规模最大的信息技术出版、研究、会展以及风险投资公司。换句话说，IDG 是电子商务领域最大的财神爷，他们有技术、有资金，随时可以扶植中国内地任何有利用价值的 IT 企业。

据 IDG 中国总裁熊晓鸽先生回忆，从 1991 年开始，他作为 IDG 的第一名中国员工，一路见证了 IDG 资本从筹备、创办、步入正轨、发展壮大最终成为行业中坚力量的全过程。

1980 年，IDG 公司就开始在中国试水，与信息产业部电子科学技术情报研究所合资，创办了中国第一份面向信息行业领域的报纸《计算机世界》，初步建立了与中国企业的合作关系。1992 年，面向中国内地市场的 IDG 资本正式成立，第二年就开始大规模进入内地市场。同年，上海、北京、广东、深圳一线城市都有了 IDG 资本建立的风投管理公司。

IDG 选在 1992 年在中国开张，恰逢邓小平"南巡谈话"之后，中国经济进入了高速发展时期，全国各地都对"招商引资"有近乎狂热的需求。IDG 资本"IT 投资"的广告一打出来，创业者们就蜂拥而至。

最有意思的是，当 IDG 资本招聘基金管理人的时候，国内几乎没有应聘者，反倒是中国香港和美国硅谷来了不少人。这就造成懂业务的不懂中国国情，懂中国国情的人又不了解风投业务。所以，IDG 资本虽然在中国扎根时间较早，但最初几年只是试水阶段，并没有多少出手的机会。

IDG 资本真正开始"疯投"的时间应该是 1997～2000 年。这四年正是中国互联网企业迅速崛起的时期，同时也是最需要风险资金的时期。许多至今还是行业标杆的互联网企业或多或少都得到过 IDG 的资金支持。

1999 年元旦，IDG 资本正式向腾讯 QQ 注资 220 万美元，并获取了对方 45% 的股份，算是比较早的大生意了。当然，能在腾讯初创时期给予"雪中送炭"的 IDG 资本获得了超出想象的利润回报。

2000 年 9 月 1 日，IDG 又对李彦宏示好，在百度进行第二轮融资时联合德丰杰投资公司一起注入了 1000 万美元，其中 IDG 的资金约占总投资额的 1/7。到 2005 年百度上市之后，为 IDG 带来了高达一亿美元的投资回报，高达几十倍的利润让这段投资故事成为风投界的一段佳话。

　　IDG 在青睐百度前的七个月，还投资了中国另一家互联网公司，那就是李国庆的当当网。2000 年 2 月 1 日，IDG 和卢森堡剑桥、日本的软银集团一起给李国庆送来了第一轮融资的 620 万美元作为当当网的启动资金，他们还特别标注了这点钱只是用来投放广告的费用，以后还会陆续追加。

　　李国庆回忆，当时风投公司的人每天都给他打电话，催他快点把钱花光，甚至还给了他花光的期限——年底之前，务必把资金全花到广告费上去。李国庆对此的反应就是"这不是逼着我烧钱吗"？一开始他听话来着，拿着钱到处去打广告，高速公路、公交车体、报纸杂志，都投放过。可是一轮广告做下来，李国庆觉得效果并不太好，就决定不听话了。

　　他跟俞渝商量，俞渝淡定地告诉他："别听他们的，华尔街的风向半年一变，谁知道咱们这笔钱花完之后，第二轮融资什么时候才能到账？所以，我们不能再这样大手大脚去花钱了，要为自己留出过冬的粮食。"

　　李国庆深以为然，两口子秉承着中国古老的"吃不穷、穿不穷、算计不到就受穷"的理财传统，安然渡过了震惊世界的互联网泡沫风险。

2. 第二轮：老虎科技基金横插一脚

> 我很奇怪，年年说我们是合作伙伴，怎么一听到我为股东们算账就暴跳如雷了。那就是说在股东的观念中我们依然是雇来的打工仔，而我则要表明我们是中国创业的企业家。
>
> ——当李国庆的理想遭遇无情的现实时，他坚决不会妥协

在所有的创业公司中，创业者和投资方从来没有放弃过对公司控制权的争夺。双方都在较劲，只是表达的方式或明或暗而已。李国庆对财富的渴望也许不是太强烈，但是他对成功的态度绝对明确。所以，李国庆和投资方在度过短暂的蜜月期后暴露出无可避免的矛盾。

2003 年春，当"非典"在国内蔓延开来的时候，中国的电子商务也在经历着互联网的寒冬。

2002 年 11 月 6 日，首例严重急性呼吸系统综合征（后被称为"非典"）的病历在我国广东佛山发现。2003 年 2 月，广东感染"非典"的人员迅速增加，病情来源不清，而且有极易被传染的特点。2003 年 4 月和 5 月是全民抗"非典"最高潮的两个月，当时人们对这场呼啸而来的疫情产生了恐慌。平时人头攒动的地方变得冷冷清清，街上的行人也都是一副神色匆匆的模样，似乎空气中充满了危

险。"非典"不仅威胁人的健康，对我国的传统服务行业也造成了严重影响。以前人满为患的娱乐场所和消费者聚集的地方，比如电影院和商场，都变得空荡荡。受到冲击的还有餐饮业，人们不敢冒生命危险外出就餐，导致餐饮业 70% 的门店关门歇业。

这场突如其来的疫情颠覆了人们的生活，网上购物、在线办公和电子商务贸易迅速在民间流行起来。因为外出受到限制，人们生活中的采购需求引到了电子商务上。当时网上流传这样一个段子："戴口罩捂死，同事染病吓死，公共场合咳嗽被扁死，网上散布流言被骂死，出差回来后被隔离郁闷而死，在家无所事事憋死。"从这流行的小段子可以看出当时人们对"非典"疫情的态度。整天呆在家里无聊怎么办？于是在网上浏览网页、聊天、看新闻成了大家主要的消遣方式。

而正在经历"严寒"考验的电子商务几乎一夜之间受到了大众的欢迎，网上购物成了最时尚快捷的购物方式。只需在家或者在办公室就可以完成整个购物流程，免去了商场的拥挤，减少了被"非典"感染的机会。正在困境中挣扎的电子商务行业遇到了转折点，一股无形的力量推动着 B2C 电子商务的发展。当当网借助这场"网购潮"顺利走出了困境。

俞渝说："因为'非典'的爆发，那段时间网上购物的销量暴增，而北京、上海这两个地区的销售更是火暴。究其原因，除了'非典'的爆发，另一个原因是，从电子商务发展的这几年来看，网络购物的销量一直在稳定上升，'非典'只是起到了推波助澜的作用，使越来越多的人接触和认可了网上购物的方式。"

与"非典"全力斗争了两个月，发病高峰期终于过去。2003 年 5 月 29 日，北京新发生的"非典"病例降到零，当天确诊的疑似病也有所减少，并首次降到了个位数。6 月 1 日，首都各大高校毕业生开始返校。6 月 13 日，世界卫生组织宣布解除对中国河北省、内蒙古自治区、山西省及天津市的旅游警告。时隔不久，6 月 24 日，世界卫生组织宣布解除对中国北京的旅游警告。接着，这场声势浩大的"非典"疫情逐渐缓和下来，7 月初，人们对"非典"的恐惧开始消散，街头也开始热闹起来，上班的人也开始继续为工作忙碌，一切恢复正常。因"非典"而火了一把的电子商务却并没有回到以前冷清的状态，相反，随着人们对网购了解得越来越多，也更加信赖"网络商场"了。

"非典"时期里，当当的订单量以十倍的速度迅猛增长，配送员们整天穿梭在马路和各个小区里。由于客户们的点击率太高，整个网站系统几乎要瘫痪，而且库存货量也是不堪重负，当时公司的整个系统都处于濒临崩溃的边缘。不过，当当挺过来了。而且经过"非典"网购的洗礼后，不但订单量大增，还掌握了难得的危机管理经验，能自如地应对迅速扩大的网购市场的挑战，还可以满足顾客不断提高的要求。

李国庆和俞渝看到公司发展势头良好，就向董事会提出要把公司增值股份的一半当做奖励来分给创业团队。这样的申请遭到了投资方的明确反对，嫌李国庆他们太贪心了。

还是开头的那句话，创业团队和投资方都在为股权的归属而明争暗斗。投资方当然不希望看到创业团队股份占比过重的情况出现。而李国庆则害怕出现投资方鸠占鹊巢最后将创业者扫地出门的局面，所以才找一些增加股权的机会。毕竟此时距离两年前从新浪出走的校友王志东以及从 8848 辞职的王峻涛的事情过去还没有多久。

还记得王志东被新浪董事会集体"挤兑"出局之后，自称"中关村老贼"的段永基站出来说了一番代表股东利益的发言吗？段永基说："我们不过是想换一个烧钱慢点的总裁而已，为什么媒体非要口诛笔伐呢？国外换总裁的公司多了去了，也没见人家外国的记者们揪着不放啊。再说了，这八九年来，四通投资公司已经向新浪网投资了上千万人民币，可一分回头钱也没见着过。投资方找谁说理去？王志东这些年可是一分钱都没投过，而我们则承担着巨大的压力拿钱让他去打名声，这样就不是血淋淋、赤裸裸了吗？"

这就是了，股东们投钱的目的是丰厚的回报。相对于王志东本人没有发言的状况，王峻涛写了一封辞职声明，表示："各方股东在有关协议的具体执行和权益分配方面发生重大分歧，极为严重地影响了公司的日常经营与后续发展。而自己身为公司董事长，一直奔走调停了几个月也没有安抚好各方，干脆就撒手不管了，辞职去也。"

看来李国庆对这两个案例研究了许久，终于在 2003 年 10 月 28 日提出了这件事。当天，包括俞渝、当当员工、IDG 高管以及 IDG 资本在中国投资的其他互联网企业的高管都收到了李国庆发送的一封电子邮件。这是一封很高调的、很能表达文青气质的邮件。

李国庆在邮件中宣布了一件大事：他要辞职！当然了，这个消息不是当当董事会的决定，而是李国庆出于私人的义愤作出的决定。他在邮件中明确地指出："由于董事会两位股东在创业股权上对我的误导和无赖，我只好选择辞职。"在辞职信的后面，李国庆又加上了一句标志性的感叹："此时此刻，我心潮澎湃。"李国庆说话向来是有一说一，绝不藏着掖着。所以收到邮件的人不用担心出现"且听下回分解"的吊胃口的事情。果然紧随"心潮澎湃"，他宣布"欢迎大家加入我将创办的新的电子商务公司"。这种公开挖墙脚的事情相信除了李国庆之外，其他人都没有这样的勇气。

老股东们对李国庆的辞职并不感到惶恐，他们相信很快就能找到合适的 CEO 来管理这家刚刚成立不久的网上书店。李国庆和俞渝其实并不甘心把当当网拱手让出，那种心情就像是把自己养育多年的亲生儿子不得不送给一个自己并不信赖的人寄养一样难受。所以，这两口子当时动用了所有的关系不断地接触其他的风投公司，希望能够留住当当。

这时，老虎科技基金出现了。在李国庆夫妇和老股东出现裂痕的时候，老虎科技基金就像一根救命稻草一样，被李国庆牢牢地抓住不放。参照后来李国庆毫不掩饰地对老虎科技基金的厌恶，我们不妨将当当网第二轮融资得到的老虎科技基金的赞助当成一场"乘虚而入"、"趁火打劫"的投资行为。

老虎科技基金不完全等同于大名鼎鼎的老虎基金，它只是曾经风光无限的老虎基金旗下的一只子基金而已。作为与索罗斯的量子基金齐名的老虎基金，它从 1980 年在美国创立的时候就确定了自己的投资基调——走对冲基金的路子。老虎基金的创始人朱利安·罗伯逊带着 200 万美元的自有资金加上融资而来的 600 万美元，在 18 年的时间里实现了从 800 万到 220 亿美元的增长，绝对是资本市场上的一个奇迹。可惜的是，20 世纪末期，罗伯逊被俄罗斯金融危机波及，在金融市场上的投资连连失误，导致了最后的破产倒闭。

不过这位老先生在被迫退出江湖之后，资助了一位曾经在自己公司表现不错的小伙子科尔曼，成立了对冲基金性质的老虎科技基金。所谓对冲基金，就是同时资助一对竞争对手，这样不管谁赢谁输都能保证自己"不差钱"。这样的策略对于投资方来说可以降低投资风险，但是对于李国庆这样的创业者来说，他一旦了解了什么是对冲基金，肯定会引起"热烈反响"的。

老虎科技基金 2003 年杀到中国市场，分别投资了卓越、当当和艺龙三家中国的互联网企业。第二年艺龙海外上市之后，只剩下卓越和当当这一对"冤家"在中国的电子商务市场拼得你死我活。

卓越网得到老虎科技基金的投资是在李国庆发表辞职演说的前几天。老虎科技基金向卓越网投资了 750 万美元，成为继金山和联想之后的第三大股东。与此同时，卓越网的创业团队陈年、雷军、王树彤则失去了对卓越的控制权。

实际上，俞渝和李国庆早在同年 8 月份就接触到了老虎科技基金，还了解对方急于打进中国市场的意图。于是，在北京和纽约，李国庆和俞渝分别和老虎科技基金的代表进行了多次"友好协商"，初步达成了合作意向。

到了李国庆公开发表辞职信的时候，早就有了老虎科技基金的暗中支持。当时老虎科技基金已经准备好了 1100 万美元的资金，打算投到当当网。但是李国庆也留了后路，敲定一旦自己真的辞职，那么老虎科技基金会把这笔风投资金转投到他新成立的互联网公司上。

一开始，不管是美国的卢森堡剑桥、IDG，还是日本的软银公司，枪口一致对外，拒绝第四家风投公司的到来。李国庆和俞渝也很坚决，如果不把老虎科技基金迎进门，他们将会带领高管集体辞职。另外他们还"威胁"大股东们：如果我们集体辞职的话，马上就会带着老虎科技基金的千万美元创办一家类似于当当的新公司和你们打擂台。

最后还是投资者们认输并同意了李国庆的要求，和老虎科技基金一起掌控了 49% 的当当股份，而李国庆和俞渝以及创业高管则得到了 51% 的控股权，成为当当真正的主人。卓越的人听说李国庆拉来了风投却没有稀释自己的股份后大为光火，直言："当时当当网的营业收入还不及卓越的一半。"因为老虎科技基金用 750 万美元就换走了卓越 20% 的股份，到了当当这里花了 1100 万美元才持股 17.5%，所以卓越的人才会如此不忿。

李国庆对此的解释是："与投行做生意，也要学会砍价，否则就会吃亏。"这样的结论在当时看来是胜利者的感言。他没想到的是仅仅6年之后，自己会将投行视为"拒绝往来户"。

2010年，当当网上市之后，首日涨幅就高达87%。股票大涨的背后除了李国庆夫妇的身价得到提升之外，受益最多的并非最早慧眼识珠的卢森堡剑桥、IDG等风投机构，而是半途插进来的老虎科技基金。老虎科技基金在2003年投入的千万美元到了当当网上市之后一下子跃升到3.4亿美元，回报超过了30倍，真的是大赚特赚。而李国庆夫妇拉来投资却没有稀释股份的事迹则成为资本市场的一个经典案例，为后来的创业者们树立了一个新的融资标杆。

3. 第三轮：DCM、华登国际和 Alto Global 联合投资

> 如果能在遇到暴利的时候克制住贪婪的欲望，让企业健康成长，个人不受骂名，这样才是最快的扩张方式，'看不见的手'自然会发挥作用的。
>
> ——李国庆在资本市场打拼多年后，领悟到创业初期和中后期的发展重心有很大的不同

回顾当当的融资历程，我们不难发现，从 2000 年李国庆夫妇得到第一轮风投资金以来，他在花钱方面一直都有自己的规划，从来没有进行过所谓的"烧钱"行动。谈起怎么运用风投资金，李国庆最自豪的就是他的资金流一直很充裕。

有人拿马云的淘宝网和李国庆的当当网相比较，说他的规模不足淘宝的 1/10。可是李国庆不这么想，他说我这 10 年才花了不到 4000 万美元，可是淘宝都烧进去 4 亿美元还不止呢。这就是李国庆的如意算盘，不拿自己的弱项来对比别人的长处。这一点类似冯巩说过的一个段子："在相声界我歌唱得最好，在歌唱界我主持最棒，在主持界我相声水平最高。"

2006 年，当当网迎来了第三轮"大规模"的风险投资。说是"大规模"，其实是对比当当网前两次的资金额而言。这一次李国庆依然不差钱，他吸引新的投资公司的目的依然像两年前一样，出于增加自身控股权的需要。

　　针对第三轮的融资，当当网是有正式声明的。从 1999 年当当网成立至今，前两轮的融资都比较成功。第一轮的 IDG、软银、卢森堡剑桥等股东已经在老虎科技基金进入当当的时候将大部分股权套现了；第二轮老虎科技基金抛开给原来的老股东套现的资金之外，还剩下 700 多万美元以定期存款的方式放在银行的账户上，留作应急准备金使用。所以他们第三轮的融资应该说是为了继续提高公司的抗风险能力而提前作的资金准备。

　　第三轮的融资不是俞渝亲自拉来的，这次他们委托了一家资本公司，找到了新的投资者。对于风投公司，李国庆和俞渝只有一个要求：在不稀释自己控股权的前提下得到风投资金。资本公司秉承着这一条宗旨，在众多具有投资意向的公司中挑选了 DCM、华登国际、Alto Globle 三家，总共为当当拉来了高达 2700 万美元的风险资金。这一次，李国庆转让了当当网 12% 的股份。

　　从这两个数据上可以看出，当当网的估值一直是不断上升的趋势。6 年前，IDG、软银和卢森堡剑桥仅用 800 万美元的天使资金就拿到了当当网 49% 的股份；两年前，老虎科技基金能用 1100 万美元换取当当 17.5% 的股份；才过了两年，三家公司联合起来的 2700 万美元就只能换 12% 的股份了。这也从侧面说明了李国庆的身价越来越高了。谁让他有本事将融资和保持自己的绝对控股权两件事打理得并行不悖呢？从这一点上看，非科班出身的李国庆还是玩资本运作的高手！

　　先来说说三家风投公司中的主力 DCM 公司。它是 1996 年创立于美国硅谷的一家较为年轻的风投企业，全称是 Doll Capital Management。DCM 的投资原则是在全球挖掘处于发展早期阶段的企业，"将它们加以培育和孵化"。DCM 选择创业公司很慎重，不经过反复的研究调查是不会投入真金白银的。所以从 1999 年开始 DCM 进入中国市场，先后投资了前程无忧、中芯国际、中星微电子、51job 和猫扑等为数不多的企业，但是却协助其中的三家公司成功上市，算得上最有效率的风投公司了。

DCM 合伙人林欣禾表示，当初对当当网的投资在业内是爆了冷门的。因为当时当当网刚刚在两年前接受了老虎科技基金 1100 万美元的投资，还高调拒绝了亚马逊的收购邀请，选择了一条所谓的"独立发展之路"。对于很多风投公司来说，已经成立 7 年还看不到上市希望的当当网已经缺少继续投资的价值了。不管是新浪、搜狐还是网易，都在它们成立的最初三年成功实现了上市计划，完成了互联网企业追求的"成人礼"。而当当的商业概念并不新鲜，管理模式也过于古老，所以有相当一部分风投公司并不看好林欣禾对当当的注资。但是这位前新浪首席运营官却认定当别人不看好的时候就是最好的投资时机。于是，他不但投了重金，还为当当的董事会送来了 DCM 的董事合伙人兼首席投资师卢蓉。

卢蓉和俞渝一样，都称得上是资本市场上不让须眉的巾帼英雄。不同的是俞渝来自西南重庆，而卢蓉则是东南的厦门人。卢蓉和俞渝一样，都有在美国读书、华尔街工作的经历。加入 DCM 之前，卢蓉曾为华尔街著名的投资银行高盛服务，担任高科技投资的银行部副总裁。经手的资金有数百亿美元之多。卢蓉曾经说："DCM 决不打算改行到其他领域。我们非常强调专业性。这也是我们的客户非常看重的一点。"这句话也验证了 DCM 进入中国市场以来为什么没有"大面积撒网"。

DCM 不像其他风投公司一样投了钱进来就看着创业团队在那忙活，自己等着几年后的上市回报。他们会非常主动地参与到所投公司的日常运营中，会对公司所有的重大决策提出自己的意见。哪怕这样会招致创业团队的反感，他们也决不放松。其创始人赵克仁就

承认："DCM 合伙人都在中国投资公司内有董事席位，都在很积极
深入地参与公司的管理、运行。"除此之外，赵克仁还几乎天天给被
投资的企业发邮件提出自己的建议，甚至还会邀请一些美国的媒体
来中国报道这些企业，增加它们的知名度，为将来的海外上市作舆
论准备。对这种日理万机型的工作状态，赵克仁觉得很平常，"都是
分内之事"。

华登国际也是当当网第三轮融资时认识的新伙伴。这是一家设
立在美国旧金山的国际性风投公司，主要的业务范围在亚太地区。
他们对发展迅速、回报率高的行业最感兴趣，投资方向并不集中。
简言之，只要有前途能赚快钱、赚大钱的行业，他们都会考虑。所
以像这样的风投公司在将企业送上市之后马上清空所有股票。千万
不要大惊小怪，其已经完成了"扶上马送一程"的主要任务，就不
会长期持有被投资公司的股份了。

李国庆习惯于把风投资本和创业公司的关系比喻为婚姻关系。
而华登国际就是典型的"好聚好散型"，肯定不会拖泥带水，纠缠不
清。从华登国际以往的投资案例来看，他们不习惯独资，总是以共
同投资人的身份出现在创业者面前。比如 IDG、DCM、联想、高盛
等，都是华登国际经常选择的投资伙伴。

第六章

与对手死磕

虽然涉足商圈多年，但李国庆骨子里更像一个文人。他不圆滑、不会妥协，也不屑于做出委曲求全的姿态。他是感性的、冲动的、容易意气用事的人。有人说李国庆"冲动过剩，计谋不足"，俞渝就说"李国庆历来就没讲究过谋略"。只有这样的人遇到对手的时候，才会撂下"报复性的打击"的狠话，做出"死磕到底"的行动。

1. 杀出重围，迎来"老师"的青睐

> 　　阿里巴巴、腾讯、京东商城背后的投资者可能都希望通过资本优势打垮竞争者，但如果钱能够决定一切，就不会有创业企业家了。
>
> 　　——李国庆告诉竞争对手，资本优势不是万能的

当当网初成立时，中国大大小小的网上书店足有 300 余家。到了今天，依然活跃的只有当当、卓越等数家。而且，这仅存的几枚硕果还都不是单一的网上书店，尤其是淘宝和京东，仅仅把图书当作了众多商品中的一种来进行经营。

1999 ~ 2013 年的 14 年时间里，当当是如何杀出重围，屹立不倒的呢？李国庆颇为自豪地回答说："在中国，做什么都是一哄而上，一哄而下。资本心急，投入两年赚不到钱，就不干了。没有后续资本，企业自然就不行了。"隐含的意思是我们当当网就有自己的主见，没有完全按照投资人的步骤走，才能坚持下来。

不知道诸位是否还记得红极一时的席殊书屋。这是中国第一家民营的全国性连锁书店，最辉煌的时候有民间"新华书店"之称。席殊连锁书店的创办人席殊在李国庆成立当当网半年之后，也瞄上了互联网这块蛋糕，开通了网上书店——旌旗席殊网。照理说，进入电子商务市场之前，席殊书屋的品牌影响力是远远大于李国庆的科文图书的。但是为什么当当网能成为大浪淘沙中留下的珍珠，其

中必有诀窍。李国庆总结说："当当网的品牌核心，第一低价，第二产品质量有保证。"简言之就是"价格便宜东西又好"。

2000 年 4 月份，《中华读书报》对当时的网上书店作了一次比较"权威"的测评，其中，席殊的旌旗网被认为是最令人满意的网上书店。志得意满的席殊非常豪气地讲道："我们始终没有忽略对电子商务的投入，我们始终在努力打造一个专业的图书网站！我们始终在以网上书店与传统书店相结合的方式打造一个有特色的图书零售网络！"

席殊话中有话。他说要打造一个专业的图书网站，这句话是有针对性的。2004 年，当当网已经从单一的网上书店发展成为综合的网上商城了，而卓越网从成立以来，就是图书音像两不误。所以席殊的意思是规模拼不过你们我就拼谁更专一做图书，谁更在意在线图书的服务和质量。

可惜的是，旌旗网顶着"中国最专业的图书网站"的名头没坚持几年就销声匿迹了，"不专业"的卓越被亚马逊并购了，"更不专业"的当当网却在成立 11 年之后终于海外上市了。其间的是非成败谁能说清？

或许正是有了那么多失败的网上书店在前，李国庆才能更加警醒地走好自己的路。当当网能在最初的 300 多家同行中杀出重围，绝不仅仅是风投的资助和单纯的幸运。

当当网从筹备到诞生都是以亚马逊为标本，奔着"中国的亚马逊"的目标一路走来的。从这个意义上说，亚马逊是当当的老师。可是这一对没有正式拜师的"师徒"，围绕着收购和反收购发生了一系列有趣的故事，或者称之为商业案例。

这个故事不是一件单纯的商业事件，它更是一段当当网和李国庆如何面对诱惑以及如何拒绝诱惑的心路历程。

"亚马逊收购当当网"的事件从 2003 年底开始到 2004 年 8 月份尘埃落定，以失败而告终。关于亚马逊当家人贝索斯如何兴起收购一家中国网上书店的念头，网上盛传的原因是由于一本以当当网为封面的财经杂志。2003 年 8 月 24 日，《经济学家》杂志以当当网作为封面，盛赞"当当网正在创造着一个华文世界的电子商务奇迹"。恰好，贝索斯有搜罗一切行业相关信息的习惯，这本杂志很快就被亚马逊公司的人看到并送到贝索斯的办公桌上。

贝索斯读过那篇文章之后，对中国同行兼同龄人李国庆创办的当当网很感兴趣。原本他的工作计划中进入中国市场的时间是 2006 年，可眼前这令人振奋的当当网，让贝索斯认为提前两年进入中国市场好像也不是什么坏事。

对于创业公司的 CEO 来说，雷厉风行几乎是他们共同的特征。很快，贝索斯就对中国互联网市场以及当当网展开了一番秘密的详细调查。调查结果是贝索斯向当当网高层发出了邀请函，希望李国庆或者俞渝能够抽出时间来美国访问亚马逊的总部。这份邀请固然是合作洽谈的必经步骤，可是自己不去中国当当网的总部考察却请李国庆等人来美国，多少有点"显摆"的意思。让你们这些电子商务的新手来美国参观体验一下什么是真正的国际公司，没准能起到"虎躯一震，就能收复小弟"的效果呢。

再看李国庆方面，接到了贝索斯的邀请肯定是比较兴奋的。从建立中国电子书目数据库开始，贝索斯一直是李国庆夫妇学习的榜样。因此，当当网对此事非常重视，还专门制定了代号"红宝书行动"的计划，派出了李国庆、俞渝以及另外两位高管一同赴约。这份邀请函还有一个作用就是让刚刚投资进来的老虎科技基金吃了一颗定心丸，知道了自己投进来的千万美元马上就有了高额回报的机会。

　　美国人也很讲究礼尚往来。李国庆他们考察结束后，亚马逊马上派出了以副总裁达克为首的代表团到中国进行回访。达克一行人很专业，来北京之后不逛长城、不吃烤鸭，紧锣密鼓地考察了当当网公司的 IT 运营系统和仓储库房，然后就告辞了。可惜的是，他们一心二用，这一次来访，除了访问当当网之外，还向卓越网"暗送秋波"。亚马逊与卓越网的暗中交流可不是一段简单的小插曲，接下来的发展也显示了商业谈判中"一切皆有变数"的真理。

　　达克回去之后，向贝索斯详细汇报了北京之行的考察结果。他们首先认可当当网的实力，看好当当网的前途，一致决定：干脆收购，绝对控股。亚马逊要进入中国市场，必须要有一个了解中国国情的团队和适合中国人消费的商业模式，这两点当当都具备。所以，贝索斯决定拿出 1.5 亿美元来换取对当当网的绝对控股权。为了留住李国庆的创业团队，贝索斯还承诺收购之后，当当网的品牌和管理团队不变。

2. 对贝索斯的收购说 NO！

> 短期利益对我来说并不是最重要的，相信自主发展将会是当当网的最佳选择。1.5 亿美元实际上低估了作为市场老大的价值，再发展 2～3 年，当当网年销售额达到 10 亿元人民币的规模，那时市值至少将达到 5 亿美元。
>
> ——李国庆道出拒绝亚马逊收购的根本原因是对方低估了当当网的价值

在贝索斯看来，给出这样的收购条件并作出这样的承诺已经是非常优厚了，所以当当网应该欢迎他们的收购计划才对。看来他的副总裁只考察了当当网公司的硬件，忘记考察当当网的灵魂人物李国庆是个什么样的人了，这可是经历了两轮风险投资都没有多让出一份控股权的强人，他是不会允许外来资金挑战自己在当当的话语权的。抑或达克和贝索斯也知道李国庆在两轮融资过程中的表现，但他们更对自己提出的价码充满了自信。毕竟李国庆见过的 800 万美元和 1100 万美元的支票都无法与现在亚马逊给出的 1.5 亿美元相提并论。

可惜他们猜错了，李国庆面对天价支票依然强硬，不肯让出当当的控股权。李国庆和当当的股东们商量之后，明确表示：我们欢迎作为投资人的亚马逊进入当当，但是不欢迎作为收购者的亚马逊。

毕竟全世界的并购案例当中，大部分的投资方都会将原来创业团队逐步清除出去，而非亚马逊承诺的将保持当当的管理团队不变。"资本圈不相信口头承诺"正如"莫斯科不相信眼泪"一样是下海经商的第一条基本常识。

贝索斯得知当当网的决定之后，颇感惊讶。他本以为会很顺利的收购行动却遭到了拒绝，这反倒引起了他的兴趣。"如果你们只是对收购价格不满意我们可以接着谈嘛。只要能交出70%以上的控股权，价钱好商量。中国不是有句行话叫'漫天要价就地还钱'吗，你不要先急着拒绝我们，再谈谈吧。"

后来看李国庆他们"不识相"，亚马逊干脆提出"1亿~10亿美元之间我们都可以谈，只要控股权符合我们的要求就行"。就这样一方坚持收购，另一方既想得到投资又不甘心放弃控股权，双方僵持了起来。虽然当当网和亚马逊之间的谈判都没有大张旗鼓地进行，但圈内人还是知道了。

有人替李国庆着急，"兄弟，咱们辛辛苦苦创业图的是什么，还不是赚钱吗？既然现在有了赚大钱的机会，为什么不牢牢抓住呢？"有门户网站的总裁就表示"应该卖，早拿钱，早套现"。

对于当当网的其他股东如IDG、软银、卢森堡剑桥还有老虎科技基金来说，1.5亿美元是一个可以接受的价格，但他们也跟着李国庆玩"独立发展"，其中的原因就耐人寻味了。看来李国庆对董事会的掌控力度，对公司的控制权还是十分有把握的。

俞渝在这件事情上坚决贯彻夫唱妇随的精神，绝对支持李国庆的决定，认为应该拒绝此次收购。她的分析是"被亚马逊这样的国际大公司全盘收购，存在很高的风险"。因为从以往外国大公司并购中国企业的案例来看，很多公司进入中国后会出现水土不服的症状。而且在国外生活多年的俞渝非常清楚越是国际性的大公司，越是存在一些管理上的顽疾，这势必会影响当当网现在的发展势头。她的结论是"过早地成为大公司在中国的分部，当当网会丧失创新能力和激情"。

自从有了网络，就很少出现过"一言堂"的局面，哪怕一件黑白分明的事情也能被网民们搅和得一片浑浊，何况是当当网自己公布的"拒绝亚马逊高价诱惑"的版本呢。有人质疑俞渝的发言是自我安慰、自圆其说。引发这种质疑的依据是亚马逊发现与当当谈不下去之后马上找到了当当网的对手卓越网，而且很快就以7500万美元的全资收购战略搞定了卓越。人们猜测亚马逊在和当当网谈判的同时，私下里也和卓越网有过秘密接触，否则不会这么快地实现"东方不亮西方亮"的并购意向。

给当当网投资的IDG合伙人周全还是当当网的董事会成员，他曾说过"如果价格合适的话，我们是愿意出让股份的"。但是李国庆坚持"最多出让49%，不会考虑亚马逊提出的70%"。

更有人不客气地说："当当本来是想耍个手段好待价而沽的。结果亚马逊方面不领情，使得当当错失了一次套现的大好机会，反而把自己套住了。"持这种说法的人当时也很有市场，他们说："2004年的时候，当当网和卓越网两家的规模、经营模式等等都没有太大差异。而亚马逊要在两者之中选一个最合适的。所以应该说从那时候起当当和卓越就在竞争，都希望把自己卖给亚马逊。"

如今回头再看看当当网和卓越亚马逊近几年来的发展态势和市场占有率，我们就会发现当年关于"李国庆待价而沽遭遇翻船"的报道还真是"浮云"。相反，李国庆面对高价套现的诱惑坚持住了自己的底线，还真是不容易做到的。

李国庆和俞渝拒绝"老师"亚马逊收购的原因有很多，但最根本的原因无非就是"野心"和理想。当时李国庆正当壮年，本来就是意气风发的时候，对扩大当当的发展空间很有信心，而且他也坚信，当当能够让自己的人生价值得到充分的体现。如果卖掉当当，充其量不过是得到几亿元人民币，虽然也是一辈子吃喝不愁，但是，总不能年纪轻轻的就开始养老吧，肯定还需要做些事情，与其重新起家，不如继续做自己最拿手的行业。而且，当当的发展前景确实很可观，虽然暂时遇到一点困难，但是只要努力经营，渡过难关，将来有可能上市，甚至成为一个世界知名的电子商务公司。

3. 做生意就是要扎堆儿竞争

> 外国大公司靠收购进入中国后会水土不服，而且大公司的管理可能会遏制原公司良好的发展势头。
>
> ——李国庆认为卓越高层的换血对当当网来说是新的发展机会

亚马逊这只电商大鳄进入中国市场之前，当当网和卓越网本来是同一级别的竞争对手。两家网上书店你来我往，互有胜负。可是当两者被一个远超过自己实力的第三者"插足"后，力量上的对比发生了很"微妙"的变化。

为什么不用"翻天覆地"来形容这种变化，而是选择了"微妙"这个词语呢？因为企业之间的竞争不是两个小朋友在玩跷跷板，你力量大就能把我翘起来。如果是企业自身的发展壮大导致力量对比发生变化，就没有什么好争议的。可是，亚马逊的力量虽然强大，但它是一个外来资本，能不能吸收整合这股力量才是重中之重。

当时的互联网界对当当的前景很忧虑，他们分析卓越网原本做不大的原因是受资金限制，可是随着亚马逊的入主，资金的问题将不再成为问题。如果卓越网能借助亚马逊的力量打破原来的局限性，那么当当会因为势单力薄而处于绝对的劣势。

李国庆也这么认为吗？非也。在他看来，卓越易主正是当当网发展的大好良机。他并不看好卓越网被并购后会实力大增，相反，他认为亚马逊和卓越在商业模式上差异太大，要想顺利实现业务转型，没有 1～2 年的磨合时间是不行的。另外，亚马逊已经拿出几千万美元搞收购分给卓越原来的股东了，一时间不一定能再抽出几千万的资金投入与当当网的血拼中。所以当当网至少在一两年之内是安全的。至于两年之后，等亚马逊和卓越过了磨合期，当当网也许已经走远了，他们且得追一阵子呢。俞渝比李国庆更加乐观，这位女中豪杰大方地呼吁："摆摊儿就要扎堆儿，一家成不了大气候。"

李国庆两口子表面上看起来毫不在乎卓越被大举注资，背后却没有丝毫大意，而是针对新的"卓越亚马逊"乃至今天的"亚马逊中国"推出了一波又一波攻守兼备的方略。

亚马逊到底是跨国公司、行业老大，先不说他们在中国展示了多么强壮的"肌肉"，单是看他们毫不留情的人事变动就能体会到一家外企大公司的冷酷了。按照卓越与亚马逊签好的协议，卓越的管理团队不变。可是这个"不变"太短暂了，创始人雷军当年就卸任了董事长一职，副总裁陈年也在过渡期后就被一脚踢开了，谁让陈年既没有 MBA 的学历，也没有管理跨国公司的经验呢。亚马逊不需要一步一步打拼上来的创业者，他们只要一个职业经理人。所以 2005 年 4 月，陈年离职，王汉华替补进来，成为卓越亚马逊的新总裁。

王汉华是个很低调的人，所有公开的资料都显示这位摩托罗拉亚太地区的前副总裁并不喜欢出风头，以搜索闻名的百度百科也只能找到"王汉华，北京人，曾在摩托罗拉工作"等极少量信息。

在一次接受采访时，王汉华提到最初他很奇怪贝索斯会找到自己来出任卓越亚马逊的总裁，因为自己虽然熟悉管理，但并不熟悉互联网方面的业务。可贝索斯却告诉他正是看中了他的管理能力，至于怎么做互联网反倒是其次的。

事实证明，贝索斯找对人了。王汉华从 2005 年上任之初就保持着兴奋状态，将这份新的工作看作是对自己管理、协调、决策能力最大的考验。他一上任就接到了总部的"军令状"——"亚马逊在中国既要继承总部精神，又要做好本土化"，对这个近乎矛盾的挑战，王汉华表示无条件的服从。

一般来说，在外企从事多年管理工作的人能够更加严格地要求自己紧跟公司总部的步伐；而一名中国土生土长的创业者习惯优先考虑自己的决定，甚至会无视总部的规定，"有组织、无纪律"的事时有发生。贝索斯应该是深知这一点，才会对卓越网进行"换帅"。但有一点贝索斯却没有预料到，陈年等熟悉图书市场的"老人"离去，会给卓越网最重要的图书销售带来怎样的影响。

亚马逊到来之前，卓越网的在线图书销售和当当网一直是不相上下的。可是随着陈年的离开，卓越亚马逊的图书销量从当年 70% 的占比一路下滑到了 25% 左右，与数码产品的销量基本持平。

是卓越亚马逊要走向卓越的反义词"平庸"，还是这不过是公司转型必经的阵痛？相信时间和数据会证明一切。当然了，其中最吸引人的数据莫过于卓越和当当两家网络书店"历史悠久"的价格战。

当当和卓越的价格战可以一直追溯到 2003 年，那时亚马逊还没有参与进来。当时卓越网开展了一场名为"48 小时抢购行动"的促销战，效果显著。该促销计划还被评为"2003 年度十大营销策划"，陈年和卓越一起风光了一把。

2004 年 6 月，当当网推出了全新的"智能比价系统"，引发了当年新一轮的价格比拼。所谓"智能比价系统"，就是当当网通过互联网查询图书音像商品的价格信息时，一旦发现有其他网站的商品价格比当当网价格还低，当当网将自动调低价格，保持自己的价格优势。

说此举是针对卓越网"量身定做"的也不为过，谁让当时的卓越是当当最大的竞争对手呢。据说陈年最初听说当当网的比价系统后没当回事，骄傲地宣称："卓越没有必要来这么一套系统，因为卓越从一开始就是最低价。"话说完没几天，陈年就为自己的轻敌买单了。

当当网"比价"了一周，日销量就实现了翻番的奇效，卓越怎能不着急？一周以后，卓越网停止了网上抢购活动，推出了每天十款的"1元冰点"特价商品。陈年戏言，"不知道当当网是不是会跟着比价，我还没有看到什么商品能真卖9毛钱的"。

李国庆确实没有再把价格降到9毛钱，可是他的气魄更大。你不是每天十款一元商品吗，我干脆每天推出千款一元图书，可选范围是你卓越网的100倍，看看消费者会买谁的账。

卓越不甘示弱，将每天十款改为"全部只1元"，还喊出了"买100送100，满30免运费"的口号。这招够狠，不光是对"敌人"狠，让自己也不怎么好受。陈年想知道比自己大4岁的国庆兄会不会跟着"发狠"，消费者们也都无意间客串了一次狗仔队，非常积极地打探当当网会不会带来更大的实惠。

当当网果然没有让准备买书的消费者或者纯粹看热闹的围观者们失望，他们推出了更加给力的跳楼价、吐血价——"买100送150"。到此为止，两家已经不是单单在打价格战了，而是比拼魄力和狠劲。不甘寂寞的各家媒体们不遗余力地宣传两家价格战的细节，不惜用"中国电子商务开始火起来"这样的大标题吸引点击率。一时间，两家企业名声大噪。到了最后，记者们幡然醒悟，卓越和当当在做不要钱的广告吧？不禁好气又好笑地骂一句：这两个老狐狸！原来人家打的不是"价格战"，而是一场抓眼球的"价格秀"！

4. 天生的对手：网络书店 VS 实体书店

当当网的一贯主张是自由定价，在不低于成本、不违反《反不正当竞争法》的前提下，给顾客最大的优惠。

——李国庆如此诠释着当当网上图书价格的问题

你已经多久没有到社区附近小书店买书了？你已经多久没有逛过几乎封存到记忆中的新华书店了？

实体书店的不景气是因为当下人们都不再喜欢阅读了吗？

显然不是，那么多的畅销书存在，就否定了这一点。那么，谁是实体书店的克星呢？相信绝大部分读者都会说是"网络书店"。有当当、卓越、京东、淘宝等在网上出售物美价廉的实体书，大部分还是包邮，谁还会光临实体书店呢。从这一点来说，网络书店和实体书店是天生的冤家对头，而且这种矛盾还在不断加剧，几乎到了把传统实体书店挤兑到无路可走的地步。

2009 年的元旦刚过，当当网精心筹备的读书频道上线了。当当网这次推出的读书频道与网络上流行的其他读书频道不一样，它主要以服务当当网的顾客为目标，让顾客在购买之前能直接浏览书的部分内容，看完之后觉得好再买，觉得不满意可以不买。给顾客提供更多的、更自由的选择，既能减少顾客买到不满意图书的几率，又能让顾客从购物中收获更多的阅读乐趣。

同时，这次提供的在线试读活动也标志着当当网开创了新的数字业务，告别了"只有货架"的"旧"当当时代，而这个图书领域的综合平台让当当网的文化气息更为浓厚，能吸引更多读者的目光。读书频道上线后，在线阅读流量一直居高不下，保持稳定增长的势头，同时图书的销量也在增加。

在图书频道的分类设置上，当当网用最简单、最纯粹的方式，直接将图书内容作为宣传平台，让顾客亲身体验阅读的趣味，判断图书的质量，再决定是否购买。当当网为顾客提供了各类图书的最新出版信息，包括文艺社科、政治经济、文学、青春、时尚和励志及亲子教育类等，还能看到各路网友对图书的评论和某些图书的连载。读书频道还为顾客提供图书的编辑动态和理念。不仅如此，通过图书评论，顾客还可以跟志同道合的人互相交流。

当当网在推出读书频道的同时，还联合全国近50家媒体为"年度十大好书"、"十大不该忽略的好书"进行了评选。

当当网"年度十大好书"的评选活动，其前身是成立初期就推出的图书排行榜，从当当网成立的第二年就已经在运作了，经过几年运营形成了一定的规模。当当网的图书排行榜分类细致，包括小说榜、青春榜、文学榜、励志榜、旅游榜等各类图书的周排行榜、月排行榜和新书热卖榜等各种类别。

从2006年开始，当当网以居高临下的图书销量荣登全球最大的中文网上书店的首位，因此其图书排行榜已经具有了相当的权威性和可信度。其发布的"最具影响力的图书榜"和"图书销售榜"几乎成为图书界的"引路者"，每次发布都会引起图书界和消费者的热情关注，是广大消费者购买图书的指示牌，同时也作为出版业者在出版读物时的主要参考依据。能荣登当当网的图书排行榜，无论对作者还是对出版社，都是不可多得的荣誉。

2008 年，机械工业出版社的一份数据显示，社里的图书在所有网上图书销售商当中，当当网的图书销量长期排在第一位；从销售额来看，排在销售量第二的书店与当当网相比，它的年销售额只有当当网的 30%。2007 年，中华书局的一份数据显示，当当网的图书销量占所有书店包括实体店在内的总销售量的 10%，是其销量最大的书店。而三联书店 2007 年的数据也显示，当当网以压倒性的优势占据了网上书店销量第一的位置。当当网在全国的其他出版社，如商务印书馆、北京大学出版社、中信出版社等主要出版社的图书销售中都占据了销量第一的位置。这标志着当当网在各大出版社都占有重要的位置，也是他们的主要合作伙伴。

2010 年 1 月 8 日，新闻出版总署对当当网、卓越网总是"欺负"实体书店的行为颇有微词，于是在几家书刊行业协会的大力支持下出台了一项新规——《图书公平交易规则》。其中有两条规定引发网民的热议。一条是保护出版社的，"凡是出版一年以内的新书，当其进入零售市场时，必须按图书的标价进行销售"。另一条是限制网商的，警告他们"新书网售不得低于 8.5 折"。

此规定一经公布，不但购书者认为这是"霸王规定"，连当当和卓越两家以图书为主的网站也不照办，大有将打折进行到底的趋势。实体书店尤其是新华书店之外的民营书商看到卓越和当当愈演愈烈的价格战，简直欲哭无泪。他们也想薄利多销，无奈自己书店的规模加上日益上涨的房租，哪怕图书行业的微薄利润就在眼前，也不能多销赚钱。反观当当这样的"图书市场大鳄"，因为销量巨大，拥有了和出版社"议价"的资格，进货折扣更低，销售价格相应也能放低，一直处于良性循环的状态。

李国庆的当当网垄断了中国图书市场两成的销售额，还继续在民营书店老板的伤口上撒盐，趁新规则出炉的时候又发表了一份义正词严的不合作声明，把自己当成了不畏强权的时代"斗士"。李国庆说："当当网的一贯主张是自由定价，在不低于成本、不违反《反不正当竞争法》的前提下，给顾客最大的优惠。"顾客们当然爱听这话了，认为李国庆能够站在消费者的角度考虑，为他们省钱。

说了网络书店对传统实体书店的冲击，再来聊聊李国庆的梦想吧。这个话题并不算是跑题，因为几年前，李国庆在接受《时尚先生》采访时，亲口说他梦想中的生活就是开一家实体书店，来打发暮年的岁月。当然了，以李国庆的能力和身家，开一家书店只是毛毛雨，有可能的话他还打算开成连锁书店，最起码在全国的主要城市、主要街区都要有他自己的实体书店。李国庆很兴奋地构想自己的书店，还说要给每一家书店放上一个略显旧却很舒适的沙发，供前来购书的人靠在沙发上安静享受阅读的快乐。这个梦想很安详、很浪漫，有点不符合李国庆一贯的风风火火的性子。

不过更多的人听到李国庆这个梦想之后，很是恶作剧了一把。他们假设了李国庆所描述的场景：一个老人守在舒服的书店里，为前来购书的人们准备了舒适的沙发和清茶。购书者窝在沙发里看了几本书之后，记下了他们想要购买的书名，然后回家打开电脑，登录当当网下订单。这就有点黑色幽默的味道了。

堂堂"最大的中文网上书店"的老板竟然向往去开实体书店，而实体书店的老板们每天看着日益冷清的店面，整理着高折扣进回的图书，心里难免抱怨像李国庆这样的电子商务的老板抢了自己的饭碗。

第七章

十年不赢利的淡定

李国庆不是"好好先生"，他经常会生气，会发脾气，甚至怒极了在微博上发表"摇滚歌词"。他不习惯隐藏自己，也不像其他成功人士一样会包装自己。可是，当业界的同行们戏称李国庆两口子是"互联网界的搬运工"时，李国庆不怒反笑了。是他转变性情了还是学会了"外交"辞令？都不是，李国庆还是那个最率真的李国庆，俞渝还是那个最淡定的俞渝。

1. "傻干的两口子"

搬运工"怎么了？我给消费者节省了钱，提供了便捷的购书方式，同时我们在物流配送上创造了成本优势，有什么不好吗？

——李国庆毫不在意同行们送的"搬运工"这个称呼

从 1999 年 10 月当当网诞生的第一天开始算起，到 2009 年，李国庆和他的当当网已经共度了十个春秋。

在消费者的眼中，李国庆和俞渝是当当网的创始人，是别出心裁的"联合总裁"。可是在中国电子商务的圈子里，他们两口子还有一个响亮的外号——互联网界的搬运工。这个外号听起来可不太像是夸人的意思。想来，"搬运工"的叫法和当当网花大力气建立遍布全国的物流系统有关。

业界一个比较靠谱的说法是：当当网从成立到上市前的十年，是互联网产业迅速发展的十年，因此说李国庆和俞渝是中国电子商务界的元老或者称他们是"早期的弄潮儿"都没有错。但是十年来，业界已经出现了很多新的赢利模式，只有当当还在不折不扣地执行"鼠标＋水泥"的经营方式，无怨无悔地守候在别人眼中"又苦又累"的网络物流业当中。

李国庆也听说过这样的评价，对此他有不同的见解。他说，别人说我们"傻干",不就是因为我们当当网有过很多套现的机会,但我都没有通过卖掉公司来实现"变现"这一"终极目标"吗。这样做是有原因的,除了不甘心之外,最大的原因还是自己不只把当当看作一项能够打发时间的工作,而是视为可以为之奋斗一生的事业。

关于"搬运工"的传闻,李国庆更是付之一笑。他说旁人这么说主要是因为当当网干了物流,认为"赚不到钱,就等于是一个搬运工"。他一边反驳别人对"搬运工"的误解,一边又大方承认:"搬运工怎么了?我还给顾客省了钱呢。"此外,还有一个理由最能体现李国庆的"野心":"我相信,自己拥有物流就有了门槛,别人进不来。"看来正是这个原因支撑着李国庆顶着"搬运工"的名字,无怨无悔地投身到物流系统的建设当中。

对于电子商务而言,物流系统是其中最为重要的一个环节。当当网从成立之初一直以亚马逊为榜样,可是亚马逊可以把物流交给举世闻名的"联邦快递"来做,但中国并没有像联邦快递一样高效及时的物流公司让当当网放心依靠。因此,李国庆需要付出更多的心血。

当当网的物流配送体系从建立之初就遵循着自建仓储与第三方物流公司相结合的原则。对这件事情,不管是自诩为"地下室创业出身"的李国庆还是"喝了十年洋墨水"的俞渝都极为重视。公司成立之初,他们就在北京租用一家仓库作为同城物流的配送中心。即使当当网上市之后,我们也能通过互联网欣赏到李国庆在仓库中和库管员沟通的视频片段,或者俞渝坐在仓库书堆上的照片。

随着当当网的业务量逐渐扩大,经营范围逐渐增加,对物流的要求也越来越高了。当然,接受了两轮风险融资之后的当当网资金充裕,有实力打造新的物流中心了。于是,在2003年,李国庆又在上海和深圳等地陆续建立了第二批物流中心;2004年,扩建北京、上海、广州的仓库；2009 年，当当网成立十周年之际，包括成都、武汉在内的五大物流中心总面积已经达到了 10 万平方米。

在全国主要地区的主要城市自建仓储中心的模式被当当称为"鼠标＋水泥"。"鼠标"表示互联网行业，而"水泥"则意为传统行业，当二者统一到一起的时候，就等于将互联网行业实体化或者传统行业电子化，相当于又开创了新的消费模式。更直白一点讲，就是当消费者轻轻点击下单之后，就能享受到当当网耗时多年不断完善的"水泥支持"——覆盖全国的仓储中心的服务。

对电子商务物流配送方式有所了解的人都知道，卓越网在陈年等"文人"领导的时候，走的是"小而精"的经营模式，物流方面完全能够做到自建配送队伍。而当当网一开始就采取"自建仓库＋第三方物流"合作的方式，两者具有明显的差异性。当卓越被亚马逊"招安"后，当然要遵从总公司的运营策略，走上"大而全"的发展道路。这样一来，他们自建的物流体系就有点吃不消了，所以当物流高峰到来时，他们也会借助第三方物流的力量，而偏远地区，都是通过邮政来完成的。

当当网的全国运输高级总监曾明确表示："当当网一直坚持给客户最大的方便，那么送货快就是方便。这个快不是当当网单枪匹马就能完成的，当当要通过拉动商品供应商和扶植第三方物流公司来完成这个任务，达到三方一起成长的目的。"

李国庆大多数时候都是一副精明强干的姿态，可也有很多时候"傻得可爱"。比如有记者曾经采访李国庆，让他谈一谈当当十年来的发展轨迹。记者还列举了一些人对当当"发展速度太慢"、"赢利太晚"的言论，请李国庆来澄清一下。李国庆说发展快的公司，总免不了并购或被别人并购，两者无论哪一种都不是他想要的。他把当当网当成了自己的终身事业，当然不会顺从被人并购的命运，当当网的规模实力也都不小，但他却从来不去考虑并购一些小公司。

在他看来，当当的企业文化还不算成熟，不希望因为自己的收购而耽误了被并购公司的发展。还有一个原因是李国庆"心不够黑"，不忍心压低价格收购其他公司。他说自己"干不了这事，还是让别人干吧。我就剥削自己得了，顺便再被投资人剥削，我自己认了。"

李国庆快到 50 岁了。中国人讲究"五十而知天命"，到了这个年纪，世事洞明，任何小伎俩都会无所遁形。可是李国庆依然单纯，依然用他那仅有的一套标准活着，"痛并快乐着"。他承认，在社会上打拼，人前人后还是有两套标准比较吃得开，但是他自己坚决不改，宁可让人说"傻"、说"二"，也不会动摇分毫。

2. 虽然不挣钱，但一直在努力的团队

> 我一直只敢亏12%，680万美元还没赔完，一直用到今天，用到开始赢利。
>
> ——李国庆谈当当网十年不赢利是因为不舍得像其他网站一样拼命"烧钱"

李国庆的微博上有一句话比较引人注意，他评价自己："我口无遮拦，多有得罪，请海涵"。对于这样的自我定位，一开始大家还以为是他谦虚，经历了一系列的事件之后，人们明白了他说的是大实话。他也一度因诸多微博事件而被网友们评为"最口无遮拦的CEO"。这样的性格或许会招来同行的怨怼，但对于喜欢抓新闻的记者来说，知无不言的李国庆是最受欢迎的采访对象。

有记者了解到李国庆曾在商业计划书上写道：当当网准备用七年的时间作铺垫，到第八年的时候开始赢利。可实际上到了第九年，当当网还是处于赔钱的状态。一家电子商务的先驱者坚持十年不赢利，是"傻干"还是"淡定"？

李国庆显然经常思索或者经常被人问起这个问题。他认为在中国想要做一个让消费者信任的网站是件很难的事情，所以他在用九年的亏损来培养消费者的消费习惯和对网上购物的信任。让李国庆欣慰的是，当当网这些年始终能将亏损保持在一个可控的范围内，用超过100%的增长速度来弥补略为亏损带来的遗憾，已经很了不起了。

李国庆不是随波逐流的人，他不喜欢跟着大家一哄而上、一哄而散的群体作为。所以当别人看着自己两三年不挣钱就想找其他出路时，李国庆却"稳坐钓鱼台"，丝毫不受影响。在他看来，淘宝就像"河边的集贸市场"，什么都卖，虽然有可能淘出乐趣，但也有可能淘出一肚子气。而老对手卓越就是"跨国公司的玩法"，有最好的团队，也有雄厚的资本优势，不妙的是，卓越网夹在淘宝网和当当网中间，异常辛苦。

当当网的"一直在努力"还体现在团队管理方面。李国庆和俞渝在当当网上市之前，一直以联合总裁的身份出现，表明二人是分管不同领域的同级别领导。

除了有在美国历练多年的俞渝充当自己最主要的助手之外，李国庆还有一支豪华的管理团队。尤其是 2007 年的集体亮相，李国庆的大手笔震惊了世人。人们纷纷猜测，当当网组建如此豪华的管理团队，应该是为上市做冲刺。

了解下这个高管团队都有哪些显赫的履历吧。

新的 CTO（首席技术官或者叫技术总监）戴修宪。戴先生是一位美籍华人，有着非常耀眼的工作经历。他曾先后供职于包括 eBye、雅虎在内的多家跨国公司，一直担任数据库工程师、数据库架构师、技术顾问等纯技术类的职位。

在 eBye 任职期间，戴修宪经历了从 1999 年只有 150 名员工发展到 8000 人的过程，当工作失去了挑战性之后，他跳槽到了雅虎。在雅虎工作期间，戴修宪负责的是香港、台湾地区的电子商务业务。换了新的工作环境，戴修宪还不忘帮助新东家取代了老东家 eBye 在港台地区的市场地位。

至于这位技术型人才肯"屈尊"到中国内地，选择李国庆和俞渝做他的新老板，也是有自己的理由的。戴修宪觉得港台经济水平虽然高于内地，但发展空间有限。而中国内地正是电子商务方兴未艾的时候，所以他将下一个施展的舞台定在了中国内地。戴修宪是很谨慎的人，他换工作不是一时兴起，而是反复接洽、沟通之后，感觉新公司的理念和发展目标与自己的人生定位更加接近，才选择跳槽。当当网有了这样的高端技术人才，理所当然在网络智能系统方面总能领先一步。

再来看当当网的副总裁，这个职位在当当应该是仅次于两位联合总裁的"大管家"了。副总裁蒋泾相对于首席技术官来说，能带给当当更多的传统零售行业的管理经验。蒋泾曾供职于家乐福和华润万家等大型超市，对传统零售行业的管理细节可谓了如指掌。他曾带领家乐福超市从年仅 10 亿元的销售规模提升到了 100 多亿元，带领华润万家从 30 亿元的年销售额提升到了 150 亿元，其综合管理能力可见一斑。

蒋泾转行的原因也很简单，他觉得传统零售业没有电子商务的发展空间大，所以希望自己加盟一家健康发展的电子商务行业，然后将其打造成中国的"网上家乐福"。

第三位重量级的高管是分管市场营销的副总裁陈腾华。陈腾华的履历并不逊色于戴修宪和蒋泾。他是北京人，毕业于清华大学电子物理与光电子专业，曾任职于报界、雀巢、诺基亚等行业领先的大公司。有着中国本土背景和跨国公司工作经历的陈腾华对中国营销市场的把握极为敏锐。他曾是新浪网的第一任市场总监，推动新浪网成为中国第一品牌的门户网站。陈腾华加盟当当网，认为是"强强合作"，自己的目标是"把当当网塑造成为中国最有价值的品牌之一"。

此外还有一位副总裁裴彦鹏。裴彦鹏被李国庆称为"传统零售业的重量级人物"，和副总裁蒋泾应该是同一阵营的。裴总很显然比较擅长做演讲，我们在网上还能看到不少裴彦鹏关于"网上购物"与"传统零售业"的精彩演说。

有了这四位新上任的高管，当当网的实力确实又提升了一个档次。俞渝对这样的团队组合非常自信，她说："当当第二层次团队的人冲出来，能把对手第一排的人砸懵；当当第三阶梯的人冲出来，能把对手第二排压住。"俞渝如此的万丈豪情是建立在团队能够有效沟通、合作愉快的基础之上的。

但是，"天下没有不散的筵席"，这句话用在当当网上市之后颇为合适。2010 年，当当上市前后，这几位成员先后离职，加入了新的公司。对于他们来说，以前服务过的公司也好，当当也好，都是工作生涯的一个阶段而已。

当当网的前副总裁蒋泾和前物流高级总监唐倚智一起加盟"唯品会"，分别担任了新公司的 COO（首席运营官）和副总裁。原市场营销总监陈腾华干脆自己创立了一家新的网店"优雅 100"，顺便还带走了当当网的前副总裁裴彦鹏成为自己的创业伙伴。陈腾华在当当的四年时间，曾带领市场营销团队使得公司活跃用户数量超过10 倍增长。他现在正专心致力于家纺网站，不知能成就多大的市场。

比较值得关注的是，"唯品会"和"优雅 100"同当当一样，都是"B2C"模式的商业网站。两家新公司的风险投资人都是当当的旧相识，分别是 DCM 和 IDG 等已经从当当撤资的资深风投公司。

2011 年 9 月，戴修宪因为"个人原因"辞去 CTO 一职，原来效力于卓越网的熊长青取而代之，成为当当网新的技术主管。

3．"差点上了马云的当"

> 　　如果不能为消费者提供全面的保障，当当宝宁愿走得慢一点。我们不愿意自己骗自己，掩耳盗铃，拿消费者的权益做儿戏。
>
> ——李国庆叫停当当网推出的当当宝业务时的感想

　　经常浏览互联网新闻的朋友一定看过"B2C"、"B2B"、"C2C"、"C2B"等阿拉伯数字与英文字母的组合夹杂在成篇的报道中。这些"组合"代表什么意思呢？我们只要知道"B"代表"business"即"企业"，"C"代表"costomer"即"顾客"就明白了。我们熟悉的当当网、京东商城、凡客诚品都是"B2C"的代表企业，相当于传统商场的自营模式。而淘宝网就是典型的"C2C"，网站只负责提供在线交易平台，相当于一个大商场分成了若干楼层、柜台，然后全部租给了零散商户，商场只收租金，不管别的。

　　"B2C自营模式"需要商场本身必须财大气粗，有自己的仓库、物流、商品、服务员以及售后一条龙服务流程。所以"B2C"的门槛过高，很多中小散户望而却步。"C2C"就不同了，不管你所售商品种类多么单一、店面多么可怜，只要一点手续费，就能自己做老板。对于网站来说风险也降到了最低，不怕压货、不管物流，只要做一点管理工作，维持一下秩序即可，淘宝就是最生动的例子。

　　马云旗下的淘宝网，给无数生活在水深火热之中的"散户"

提供了奔小康生活的又一条阳光大道。2005 年，支付宝的登场就像给淘宝吃了一颗大力丸，营业额"噌噌"地往上涨，几乎全华夏都知道有一个叫淘宝的"地方"，那里无所不有，"只有想不到，没有买不到"的东西。而淘宝凭借 C2C 的经营模式让马大老板赚了个盆满钵满。2005 年，淘宝第一季度的交易金额超过 10 亿元人民币，成为电子商务界的老大，在电商的江湖中占据独霸一方的位置。

有利润的地方就有战争。作为 B2C 型代表企业之一的当当网自然不甘落后。李国庆早在 2005 年初就打起了与"淘宝"打擂台的主意。

2005 年 9 月 7 日，当当网发布了一则新闻声明，宣布当当网将正式进入"C2C"市场。声明中提到："伴随着中国电子商务的迅猛发展，成立仅 6 年的当当网取得了令人瞩目的发展。为了顺应电子商务发展的国际潮流，当当网计划在近期启动 C2C 交易平台……"

经过一年多的筹备，2006 年 1 月份，名为"当当宝"的 C2C 交易平台终于面世，李国庆希望当当网这几年积累下来的客户群能助当当宝一臂之力。李国庆曾经放出豪言："我们相信公司几年之内会成为国内这一领域的第一名。"

5 天后，拥有上亿"粉丝"的腾讯也传来了消息，腾讯旗下购物网站拍拍网已经开始试运营了。马化腾更是高调地宣布："十年之内，互联网的主流都会是电子商务。"

在当当宝和拍拍上场之前，邵亦波的"易趣"和马云的"淘宝"已经在电子商务这块宝地上开始"血拼"了。两家比赛往里面砸钱，你降价，我就免费，你优惠，我就促销，打得不可开交。在这场不动一刀一枪的战争中，比的是电商背后风投公司的实力和魄力。

没过多久，拍拍网就借助 QQ 庞大的用户基础站稳了脚跟。回过头来再看当当网，李国庆和俞渝再三考证，确信理论上可行之后，也投身其中。遗憾的是，拍拍网试运营的结果是成为与易趣、淘宝并驾齐驱的"C2C"三驾马车，自身也拥有了"财付通"这样的在线支付平台。而当当网的试运营却仅仅停留在试水阶段，几个月之后就被李国庆自己叫停了。

原来，李国庆发现当理论进入实践阶段的时候，会出现很多不可预知的事情。当当宝正式上线的第一天，李国庆就在分析注册商户的资料。他发现其中虽然有少量的不良用户，但是"一颗老鼠屎"会"坏了满锅汤"。随着当当网进一步深入调查，李国庆发现了"C2C"更多的漏洞。"假名牌"、"自消费"、"有效期不实"等常见的欺诈性事件都是李国庆接触了"C2C"之后了解到的内幕。所以，他在接受采访的时候会笑称"上了马云的当"，调侃说"卖假货的话当当网不是淘宝网的竞争对手"等。

进军 C2C 虽然惨遭失利，不过"塞翁失马，焉知非福"。2007年的"3.15"活动中，淘宝、易趣接二连三地被爆出网购欺诈现象，淘宝很多忠诚粉丝纷纷受伤，对淘宝的信赖度也有所降低。而曾经惨遭失利的李国庆并没有因为失败而陷入沉寂，他却从中发现了消费者的心声：有质量保证的商品才能俘获消费者的芳心。

后来的几年中，李国庆一直在寻找机会。2010 年，当当网又一次开放招商平台，引入一些知名度较高的品牌卖家，同时还接入一些口碑较好的垂直 B2C 平台。国美、梦芭莎和乐淘网纷纷加盟当当网，其中国美和当当还联手打造了专业的家电零售平台——国美电器城。

回想当初，李国庆非常庆幸自己的当机立断，如果当时的自己被利益蒙蔽了双眼，也许会走更多的弯路才能带领当当走出迷途。他认定了一个信念，只有独善其身才能更快地达到目的，做企业不单单是为了获取财富，他还要告诉世人：诚信、规矩、负责也能成功！

第八章
与京东商城的刘强东交手

李国庆给外界的印象向来是不像商人，更像文人；不像名士，更像斗士。这一点从他上学期间向校方施压、创业期间痛斥风投资本、经营期间与对手针锋相对就能看出来。既然是"斗士"，那就不管对方身份如何，年龄几何，只要你敢叫板我就敢于应战。他与电商界新贵刘强东的故事就从京东商城开通图书频道那一刻拉开了序幕。

1. 被刘强东"撞了下腰"

> 我觉得京东比较傻的是，它这么一点销售额，在这行业里面什么都不是，还要跟人家国美、苏宁挑战，跟人家叫板，苏宁易购用价格一砸你，人家进退有余。京东又将如何呢？
>
> ——李国庆为京东的未来"担忧"

李国庆，北京人，1964年出生，1983年就读于北京大学社会学系，现为"中国最大的B2C网站"——当当网的总裁。

刘强东，江苏人，1974年出生，1996年毕业于中国人民大学社会学系，现为"中国最大的综合网络零售商"——京东商城的CEO。

看到这两份再简单不过的"个人简历"，不知道你会作何感想。

第一感觉是名牌大学的社会学系果然不简单，简直就是培养网商CEO的摇篮。"简历"还向我们透露了另一个信息——李国庆和刘强东相差整整十岁。对于恋爱中的人来说"年龄不是问题"，但对于两位互联网界的风云人物来说，十年的差距确实是一个问题。那么到底是年长十岁的李国庆更有经验和智慧，还是年轻十岁的刘强东更有潜力和机会呢？这个问题恐怕没有谁能够给出一个令人信服的答案。

另外，"简历"还透露了最重要的一点，那就是李国庆和刘强东分别是"中国最大 B2C 网站"和"中国最大的综合网络零售商"的掌门人。大家看放在当当网和京东商城前面的定语就知道了，两个网站并不是"睦邻友好"的关系，两位老总也不是客客气气的"亲兄热弟"。因为事业的同质性，两个心有抱负的社会学系高材生都争做"中国最大"，所以两人之间的竞争无可避免。

李国庆向来无畏，面对"后辈"刘强东当然也不会示弱。可是，不得不承认，当刘强东悄悄鼓捣出京东商城的图书频道之后，李国庆还是被"撞了一下腰"。

2010 年岁末，正是当当网积极筹备上市的最关键时刻，突然出现了一个不"和谐"的声音，让李国庆在对公司上市的期许中多了一丝烦躁。原来在 2010 年 11 月 1 日，做电子产品起家的京东商城突然开通"图书频道"了。难不成，中国的图书市场嫌当当和卓越"两极争霸"久了不够热闹，非要再整出"三国演义"才过瘾？各家媒体敏锐地把握了这个消息，从京东商城第一天图书上线开始，就对它进行了紧密关注。

刘强东到底是什么人，我们除了一开始的"简历"介绍之外，还有必要再次隆重介绍一下。因为在接下来的日子中，他几乎成为李国庆最主要的竞争对手。最起码在吸引外界注意力这一方面是如此，两个人都充分利用了作为创业明星高关注度的微博优势，摆起了"隔空对阵打持久战"的架势。

刘强东来自江苏省，但他不是传统意义上的苏南人，而是地地道道的苏北汉子。民间有种说法："苏北人爱权，苏南人爱钱"，所以很多苏北人心中一流的大学不是清华、北大，而是中国人民大学或者外交学院这两所"容易出大官"的学校。不知道江北宿迁的刘强东父母有没有听信这个说法，反正他们的儿子高考结束后，报考了中国人民大学的社会学系，极有可能在毕业之后从政。不过刘强东大学期间可有点"不务正业"，他在课余时间潜心学习计算机编程，自称"大学期间90%的时间都花在了编程上"，还自诩"在中国第一代程序员中还算是比较出色的"。

作为和李国庆一样毕业于名牌大学社会学系的大学生，刘强东的理科气质更明显一些。李国庆骨子里更倾向于一名文人甚至"愤青"，但刘强东不一样，他好像更符合互联网创业者的形象，更倾向于技术型人才。看看中国最早玩互联网企业的那些人，大都是计算机等专业的理科生出身，张朝阳、李彦宏、马化腾、王志军、丁磊等皆如此。只有李国庆和刘强东、马云、陈年等少数几个异类，读的是与互联网不太沾边的社会学、英语系或者干脆大学肄业。相比之下，刘强东好歹自学编程，对计算机程序比较精通，而李国庆则始终在管理、理念、公司发展方向等"务虚"方面起到引导企业的作用。

与李国庆在大学期间就是风云人物的表现不一样，刘强东更喜欢低头赚钱。他自学计算机编程期间就曾独立开发过若干项目。李国庆大学"勤工俭学"走的是与出版社合作编书、售书的路子，而刘强东属于学生期间就敢开饭店，开了就不怕赔钱的那种人。

大学毕业后，刘强东没有选择走苏北人青睐的仕途大道，而是进入一家外资企业工作。俗话说"种什么因结什么果"，这句话用在李国庆和刘强东身上都非常合适。李国庆不管是求学期间还是在国务院经济技术社会发展研究中心工作期间，都没有断了和出版社的联系，所以他后来开创了以卖书为主的当当网并不稀奇。刘强东毕业后在外企打工，后来自己到中关村"练摊儿"，卖光磁产品，所以京东商城成立之初主打电子产品就顺理成章了。

2003年，刘强东的光磁产品已经卖得相当好了，光是连锁店就开了好几个，他还制定了详细的全国扩张计划，准备复制国美、苏宁的成功路线，做电子产品业界老大。这一年，席卷全国的"非典"来了。在"不可抗拒"的外力干扰下，刘强东不得不停下扩张连锁店的脚步，思索起"京东公司"新的出路。

据说最初有网友向他建议把产品拿到论坛上来推销，这样才打开了"京东公司"向"京东多媒体网"转型的第一步。在没有资本输入的情况下做电子商务，最初的艰难可想而知。不过"京东多媒体网"的发展速度非同一般，成立之后的第二年便开始飞速发展，以年均300%的增长速度吸引了资本市场的关注。2007年，已经独自发展4个年头的京东商城迎来了首次风投公司的资金注入——来自今日资本的1000万美元。2009年，以今日资本为首，包括雄牛资本、梁伯韬私人公司三家资本联合出资，向京东商城注入2100万美元。仅仅一年以后，也就是2010年1月，京东商城获得了老虎环球基金1.5亿美元的融资。2011年3月30日晚，刘强东兴奋地刷新了微博，确认"京东商城新一轮融资已接近收官，总规模远超过10亿美元"。他还进一步披露，"俄罗斯投资集团 DST Global 是此轮融资中最大的出资方，15亿美元的投资已经 close"。而后的新闻也证实了京东商城最新一轮的融资金额高达15亿美元，成为电商"史上最大融资案"。

五年时间四次融资，而且融资规模一次远超一次，京东的发展前景在投资者眼中一片大好。当当网吸收风投资金的频率与京东商城相比就显得较为稳定了。当当网第一次融资是在公司成立半年之后，第二次是公司成立4年后，第三次也是最多的一次风投资金是在2006年。

应该是因为俞渝的关系，当当网拉来的风投资本基本上都是美国的公司，像 IDG、DCM、卢森堡剑桥、老虎科技基金等都是来自美国的公司。而赞助刘强东的风投公司除了老虎环球基金以外，其他的风投公司大都来自亚洲。尤其是第二次注资的三家公司都与香港百富勤投资集团密切相关。

有了巨额的资金支持，刘强东连同他身后站着的投资公司都不甘心只做电子产品。京东要做大做强，投资人要看到回报，无论从哪方面说扩张品类都是京东商城发展的必经之路。尤其是"中国亚马逊"这个称号，那是任何一家有实力的电商都想达到的高度，能者居之。于是，京东与当当的市场争夺战无可避免，价格战、隔空骂战也随之而来，拉开电商界新一轮"丛林法则"的大幕。

2. 血拼：没有最狠，只有更狠

> 　　我们随时应对一切价格战。对一切价格战的竞
> 争者，我们都会采取报复性的还击。
> 　　　　——当当网成功登陆纽交所后，李国庆对媒体
> 宣布当当准备应战的姿态

　　提起"价格战"三个字，不同的人会有不同的感受。对于普通消费者来说，商家之间展开"价格战"的时候就是我们"捡漏"的好时机；对于商家来说，"价格战"是一种"杀敌一千，自损八百"的市场竞争手段，不到万不得已，不会轻易采用。

　　一般来说，只有销售商品出现极度相似的情况才会出现价格竞争。在这样的情况下，一个卖家电的商场和一个卖书的商场永远是"井水不犯河水"的状态。可是当某一家商场不甘于只销售一类产品，先发起挑衅进军对方的营销主打产品之后，价格战的爆发就成为必然之选。而今，提起图书市场的价格战，最经典的"战役"莫过于"京东当当价格战"了。

　　2010 年 12 月 8 日，当当的招股说明书中透露自己上市之后的募资将用于百货类电子商务的发展。估计是这句话给了股民极大的信心，当当股票在上市当天大涨，从 16 美元一下子飙升至 29.91 美元，让李国庆如坐云端。同样是这一天，远在北京的同行刘强东却突然发力，给沉浸在上市喜悦中的李国庆送了一份"大礼"，他在京东商城图书频道"满月"之际，宣布京东所有图书八五折大促销开

始了。

　　刘强东选择调价的时机很敏感，没有人相信刘强东此举不是针对当当上市而故意"砸场子来了"。毕竟，要做活动也要在圣诞节前后，12 月 8 日就开始也太早了点。看到李国庆没什么反应，刘强东觉得无趣，两天后再次高调宣布，"从 12 月 14 日起，京东的每一本图书都会比对手便宜 20%"。

　　很明显，刘强东是在向李国庆"叫板"了。"免战牌高挂"不是李国庆的作风，他要有所表示才行。刘强东宣布"便宜 20%"之后，李国庆以最快的速度从纽约杀回北京，马上部署最新的应战策略。他知道任何时候都是"名不正则言不顺，言不顺则事不成"，所以无论何时何地对谁作战都要"师出有名"。刘强东不是说"当当封杀京东"吗？那好，先解决这个问题，然后开始正面迎敌。

　　当当网首先在对外宣传上统一了口径，公开表示："有些企业不应该将出版社不给其供货的责任归咎于当当网，这是出版领域市场选择的结果。对于出版社来说，保证回款的安全性和稳定性、保证渠道的规范化、规范市场价格是他们主要考虑的因素。一些大品牌不愿意在购物网站上销售商品与其渠道政策有关。"

　　表明立场之后，当当网以庆祝公司上市为名，高调回应了京东商城的叫板。12 月 15 日，习惯在当当购物的老顾客们惊喜地发现上市之后的当当果然底气更足了，居然推出了一系列的促销活动——"全场满 69 元返 10 元（礼券），满 119 元返 30 元（礼券），满 199元返 50 元（礼券），满 999 元返 300 元（礼券）"。仅仅一天之后，当当又出重拳，正式宣布将拿出 4000 万元来反击京东商城。最令消费者亢奋的是，当当网的促销范围并不局限在图书方面，而是扩大到京东商城的根基数码 3C 领域。这一招，简直是对京东商城"连本带利"的"报复性还击"。

当天下午，京东方面也传来了新消息，刘强东要砸出 8000 万元搞促销，品类不但涵盖了图书、数码，还有日用百货共 11 个大类。先不说别的，单说这次价格战期间，京东的反应速度比起当当网来快了何止 N 倍。针对当当网的反击，刘强东能这样迅捷地做出回应，谁还相信事先没有任何计划？也有好事者替李国庆担忧，人家京东商城有那么多的风险资金呢，不花白不花，可是你的当当已经是上市公司了，有了更多的部门来监管你的财务，你总不能拿着我们小股东的资金来闹着玩吧。

一开始就表态不参与价格战的卓越亚马逊当家人王汉华，此时也改变了初衷参与到了混战之中。在 12 月 21 日做客访谈节目时，王汉华"撂下"话，他说卓越亚马逊不惧怕任何形式的价格战，图书大战"你敢打我敢跟"。他宣布卓越亚马逊将会投入 1 亿元，全面应战。

当消费者们在这边货比三家，津津有味时，出版社"hold"不住了。"几位，还是停手吧。你们总这样降价，我们还活不活啊？"于是，众出版社一起出手，联合抵制京东和当当的"不顾他人死活行为"。新闻出版总署也不愿意看到网络书商和出版社之间的矛盾激化，出面调停。随后，京东"听话"了，宣布"停止 20% 降价方式，改为后返方式"优惠读者。

关于刘强东率先发难的原因，众说纷纭。有心人通过艾瑞咨询和清科研究中心公布的一组统计数据看出了端倪。那是一份 2009 年的销售图表，资料上显示在中国的 B2C 市场上，京东商城的销售额在众多的 B2C 网站中是毋庸置疑的第一，其次是卓越亚马逊，第三位才是当当网。可是 2010 年末，排名第三位的当当网却领先一步，成功上市了，这让京东商城和刘强东本人都产生了一种"一万年太久，只争朝夕"的紧迫感。既然世界上没有无缘无故的爱与恨，当然也就没有人会无缘无故挑起价格战。看到两家权威机构的数据排名，我们恍然大悟，什么"大出血"、"大放送"都是浮云，同质电商之间在抢夺客户资源、抢占市场才是一切争端的根源。

京东商城的相关负责人表示，从账面上看，京东商城在价格战期间确实处于亏损状态。稍微一想我们就明白，原来人家是想告诉大家，"别看我们账面上亏损，但是通过这次价格大战，京东商城的知名度、访问流量、成交量都是大幅度提升的"。另外京东的促销打折还有一个始料不及的"作用"，就是刺激了看好当当的投资者，间接导致了刚刚上市的当当股价下跌了好几天。

至于当当销售额排在京东和卓越亚马逊之后的问题，李国庆夫妇的反应如出一辙。俞渝看到这类年表时，第一反应是"这是京东还是卓越请的枪手为他们专门设计的漂亮数据？"当被告之数据来自第三方研究机构，数据确凿无疑的时候，俞渝就会辩解"这样排名根本就不公平。我们当当卖出一本图书，销售额撑死了十几元、几十元。可是某些网站卖电脑、电视之类的商品，动辄几千元。所以单纯的比较销售额的做法是不客观的"。

李国庆也表示，"咱们能不比销售额吗？可以比一比谁的资金流更健康，谁的未来更加具备市场竞争力，也可以比较企业发展速度或者赢利速度，甚至比服务，比物流支持都行。拿销售额来说事太业余了"。客观地说，艾瑞市场咨询和清科集团并非李国庆夫妇所说的是某一家网络公司的"托儿"。艾瑞咨询是一家专注于网络媒体、电子商务、网络游戏、无线增值等经济领域的专业市场调研机构。而清科研究中心则是目前创业投资与私募股权投资领域内发布报告种类及频率最多的研究中心，掌握着领域内最全的数据库资源。他们提供的数据现已成为业界广泛认可的最权威的参考指标。

艾瑞咨询的资深网购分析师蒋李鑫给 B2C 的大佬们提出一个建

议："目前很多 B2C 网商还处于万里长征的第一步，各家的实力各有所长，难免会有一番争斗，从对方的长处入手，只是想牵制对方，以免在激烈的竞争中掉队"。另一位分析师苏会燕附议，"各商家为了争夺更大的市场蛋糕，显然不能只靠一条腿走路，势必要扩大自己的势力范围，单一的销售平台向综合类的销售平台的转变势在必行"。看来，网购市场空间的变大才是这些网商转型的根本原因。

腾讯科技看到旁人进行图书大战的时候，忘记了不久前刚刚结束的"腾讯大战 360"往事，在网上推出了一份题为"您认为京东商城图书业务会否威胁当当、卓越？"的调查。虽然仅有 2000 多位网友投票，但超过八成的网友都表示京东图书肯定会威胁到当当和卓越亚马逊在中国图书市场的"寡头垄断"地位。

3．两个大佬的"骂"战

> 京东的钱只够"烧"到今年 8 月、10 月，资金告罄之后就得去继续寻求融资或者到美国上市。
>
> ——李国庆预言京东商城的"2012"

对于电子商务网站来说，只有大批的访问量才有可能促成大批的成交量。所以决战的京东商城和当当网表面上是"对抗血拼"，背后也许就是"以战养战"，用这种方式来代替巨额的广告费用。李国庆和刘强东在价格对决上你来我往的厮杀，给大家上演了一场不见硝烟的战争。不久，两个互联网界的风云人物还在各自的微博上展开了毫不逊色于"价格战"的"口水战"，战旗猎猎，一直飞舞到了今天。

两个大男人，两个互联网界举足轻重的"掌门人"，他们将 140 字的微博当作了市场竞争的第二战场，为一场"惨烈"的 B2C 大战增添了几多喜剧感、戏剧性。

我们摘取 2010 年底的几个微博小片段，欣赏一下刘强东和李国庆两个竞争对手的不同心态。比如 12 月 14 日，刘强东在微博上问李国庆，说："竞争会让双方更强！……国庆，准备好了吗？"

李国庆立刻回应道："京东他们才 10 多万种图书，而我们当当已经有 60 多万种图书了。"言下之意京东和当当根本就不是一个级别的对手，没有什么可比性。刘强东马上回复道："国庆，我们的图书品种已经 22 万种了，你的抓取系统需要改进了。"

正是这样的"微博直播互动节目"全程参与价格战进程，才让众多想买书的、想买 3C 产品的、想看热闹的人各取所需，陪着李国庆和刘强东玩得不亦乐乎。

到了 2011 年、2012 年，两个人的微博互动已经不局限在单纯的价格战上面了，而是扩大到了整个战场。两家公司的总部都设在北京，从来"口诛笔伐"却一直不见面，只在微博空间中"过招"，可谓"咫尺天涯"，神交已久。

2011 年 5 月，国美网上商城正式上线了。这个消息对于当当来说冲击不大，而对于京东商城应该是不小的压力。早在 4 月份，李国庆就开始在微博上调侃刘强东："老刘：抓紧把苏宁、国美镇住。别等我上啊。"

刘强东不甘示弱，又拿李国庆的命脉——图书说事了。他在微博上说："我把李国庆的长尾割掉了：网上卖书利润来自典型的长尾部分！……老李的利润长尾没了。"后面还附上了京东的价格指数比较图，来直观解释自己的"丰功伟绩"。

李国庆却不接招，用上了"围魏救赵"的法子。他不说自己的图书卖得到底有多好，利润怎么样，而是爆料了京东商城与国美、苏宁之间的差距。"国美，苏宁易购冲进电子商务，比较发现，他们网站上家电和 3C 品种有一半比京东网站还低。看来是动真格的了。从家电品牌商了解到，国美、苏宁在采购成本上比京东大多低 8 个点呢。"

被人这样埋汰还不还口的话，就不是刘强东了。恰好当时有杂志采访刘强东，他就把微博上说不过瘾的话向记者"吐槽"。刘强东对李国庆爆料的 8 个点的差价不以为然，他表示京东的拿货价格确实比国美、苏宁要高一些，但也就是 3 个点左右。可是国美的运营成本还高呢，综合来说，并不比京东商城牛气多少。

　　不知道刘强东是真没有把国美、苏宁的线上商城放在心上，还是只为做一番自我安慰，但大家看到 10 个月之后，李国庆和国美拉手结盟了。

4. "集体吐槽"的 IT 老板们

> 为了有资金撑过年底，别盖库房了，盖一个要10亿啊，租挺好；融资吧，别在意估值了；千万别想提商品售价来减亏，咱们这类像大黑粗业的顾客忠诚度低；也别想靠占用供应商和商家和广告公司货款，他们唯利是图呢。
>
> ——李国庆微博上为刘强东"支招"

2012 年 3 月 22 日，艾瑞咨询集团在北京国家会议中心举行第七届年度高峰会议，与会人员都是互联网界的"明星"以及"准明星们"。艾瑞从 2006 年开始举办高峰会议，迄今为止已经举办了七届，可以说是中国互联网、移动互联网领域最受关注的行业盛会了。虽说往年的每一届峰会也都备受业界关注，但是 2012 年的这次年会却吸引了很多互联网圈外的目光。

艾瑞集团的 CEO 杨伟庆，摩根士丹利亚洲董事总经理季卫东，创新工场董事长李开复以及群邑中国互动营销总裁陈建豪，都做了精彩的主题演讲。可是引发圈外人关注的还不是这几个专业的演讲稿，而是后来的互动讨论环节。

主持人是优米网的 CEO 王利芬，她曾是财经界最红的栏目《赢在中国》的缔造者。按照王利芬的说法，参与讨论的五位嘉宾都是"互联网界的新锐军团"，他们分别是 UC 优视的俞永福、奇虎 360

的周鸿祎、人人网公司的陈一舟，加上当当网 CEO 李国庆。这几位男人都很放松，每个人都跷着二郎腿逐一回答王利芬提出的尖锐问题。他们毫不避讳地谈论"互联网界的三座大山"、"当周鸿祎遇见马化腾"、"陈一舟为什么墙里开花墙外香"、"刘强东没来，李国庆是否松了口气"等比较新鲜的话题，不但让现场的几百位观众过足了瘾，还让更多的场外观众也追着视频一遍又一遍地咂摸味道。媒体更是逮住了新闻点，干脆就拿嘉宾的观点当成了标题，吸引了无数眼球。

临到李国庆讲话的时候，现场的氛围达到了一个小高潮，不时有笑声和掌声响起。他直言："刘强东是后生晚辈，我的资格比刘强东老多了。"王利芬就打击他："京东公司还比当当规模大多了呢。"真正有料的是李国庆竟然在峰会上预测起京东的发展趋势，预言："京东的钱只够烧到今年 8 月、10 月，资金告罄之后就得去继续寻求融资或者到美国上市。当当网是赚一个花两个，而京东则是赚一个花四个。"当王利芬请李国庆再预测一下三年之后的当当和京东是什么样子时，李国庆干脆回答："还三年，先说今年他撑得过去吗？"话里话外的意思很是"担忧"京东的命运。

刘强东也不能闲着，他第一时间在微博上回应了李国庆的挑衅，还向李国庆发起了千万赌局的邀请——"发现国庆兄又是傻大黑粗，又是预言京东 8 月钱烧光，而且没完没了四处说。本不屑过问，今日太闲，东哥设一公开赌局：可以让质疑者查看京东账户，低于 60 亿现金，东哥个人向爱心衣橱捐 1000 万，否则造谣者只需捐 500 万。大家同让造谣者出来迎战吧！"

李国庆不接赌局，说即便不打赌，当当网每年也会支出不少于 500 万元的爱心捐款。他按照一二三四的顺序，一口气列举了四条对刘强东资金链的质疑。他写道："1. 资本金和账上现金是两码事。

现金包括对商家应付款、银行贷款负债；2. 像当当网、京东网等大多电商卖超市傻大黑粗品类，很难赚钱；3. 不用赌，当当网每年捐助公益也要在 500 万（元）以上；4. 对不断需要资金的公司，上市是最佳应对质疑的办法。"

刘强东的反应有点赌气的性质，像是急于证明自己的孩子一样拿出了证据："普华永道对京东的审计报告，可以证明京东净资产远远超过 60 亿！"

而李国庆再次摆出一副气死人不偿命的姿态反击道："亲，打赌要先统一评价体系。请问：1. 您的公司多如牛毛，是哪家公司的净资产？2. 您属下所有公司的净资产，可不包括品牌资产，过去许多会计所追着我们，只需花 5 万就给评估品牌 100 亿呢，也不包括土地价值，很多地方土地可 3 万/亩。"

3 月 30 日，李国庆又抛出了一枚重磅炸弹——当当网和国美的合作浮出水面。李国庆大胆地在当当的首页开辟了全新的"国美频道"，将整个国美线上商城搬到了当当的平台上。这样的组合是冲击苏宁易购还是淘宝商城，显然都不太符合，这让当当的宿敌——一直以来以 3C 网购市场老大自居的京东难免要惶恐一阵子了。

当当携手国美是一场双赢的游戏。当当网急于扩充品类，而国美需要网络渠道赶上网购时代，这样的强强联手确实不容小觑。当当的品牌效应不输京东，而国美线下渠道和物流体系以及产品议价权都远胜京东，所以说李国庆的"拉拢一方，打击一方"的战术确实了得，够刘强东喝一壶了。

第九章

上市：不得不说的幕后故事

对于所有的创业者来说，"上市"这两个字都有着非同一般的魔力。托尔斯泰说："幸福的家庭都是相似的，不幸的家庭各有各的不幸。"这句话套用到公司上市的艰难历程上也无比合适。上市成功之后幸福的眩晕感都是相似的，上市路上的艰辛经历却只有自己清楚。李国庆带着当当经历了11年的风雨才叩响了纽约交易所的大门，对"上市"更是感慨良多。

1. 上市前奏曲

> 　　企业上市稀释 20% 股份，常理是估值越高，融来钱越多，投行手续费越多。但投行销售天天面对基金，遇到破发，基金就赔，故他们更多为长期伙伴基金着想，所以投行和基金是情人，和要上市的公司是一夜情。
>
> 　　——李国庆解读承销商压低当当网股票发行价的动机

　　2010 年 5 月 17 日，当当网董事会与瑞信和大摩两大投行召开了第一次工作会议，确定了以瑞士信贷和摩根斯坦利两家银行作为此次赴美上市的承销商。也就是说，当当网在苦熬了 11 年后，终于将 IPO 正式启动了！"IPO"这三个英文字母不像"CEO"、"UFO"常见，但是最近两三年却频频见诸各大财经报道。它是英文"Initial Public Offerings"的缩写，意思是公司首次上市公开发行股票。

　　这个消息通过外媒的宣扬，传到了"无所不知"的媒体耳中。《第一财经日报》《凤凰科技》《新浪科技》等知名媒体不约而同地写道"据路透社报道，投行知情人士透露当当网已经如何了"，他们还公布了当当网计划年底之前赴美上市的重磅消息。不过各家媒体写得热闹，当当网方面却既不确认也不辩解，摆出一副随他说去的姿态。一向爱说、敢说的李国庆也选择了沉默，没有在第一时间做出任何回应。

　　既然是赴美上市，在华尔街从事多年金融工作的俞渝就显示出了自己的优势，成为当当网上市计划的重要负责人。现在，不得不佩服李国庆当年挑老婆的眼光，俞渝的智慧让李国庆在朋友圈中极有面子。李国庆却是"得了便宜卖乖"，时不时感慨一回娶个能干的老婆唯一的坏处就是自己的光芒总是被掩盖。以前每次遇到朋友问他："国庆，听说你老婆创办的当当网挺不错的？"他都会耐着性子解释："什么叫我老婆创办的，是我们两个一起在做好不好？"而后，他还会小声地加上一句"而且还是以我为主！"每次他这样辩解，朋友都会很大度地表示理解。

　　同俞渝一起负责当当上市工作的还有一位很有风度的男士，他就是两个月前刚刚走马上任的 CFO 杨嘉宏。

　　杨嘉宏 1985 年毕业于台湾辅仁大学理工学院，后又到美国加州大学深造，是货真价实的名校 MBA。毕业之后，他先后任职于摩根斯丹利、雷曼兄弟、高盛、滚石移动等全球顶级的大公司，职务也随着跳槽而步步高升。2010 年 3 月，有着 20 多年丰富管理经验的杨嘉宏正式加盟当当网，成为首席财务官。他统领当当网的财务部门，重点负责当当网的上市事宜，比方说业绩披露、路演会议以及维护与投资人关系等。

　　李国庆在努力，俞渝在努力，当当网的上市项目组都在努力。经过了长达半年的筹备，当当网距离纽约交易所的大门越来越近了。这半年的时间里，最忙的恐怕还不是当当网的工作人员，而是承销商的投行团队。他们穿梭在当当网分布在全国各大区域的物流中心，掌握第一手资料，为当当网估值。俞渝觉得大家都很敬业，说他们在进行"耗时最长的尽职调查工作"。李国庆在与投行接触期间没表态，成功上市之后就爆发了，说要不是俞渝顶着，自己都快要被投行欺负死了。可见，双方在合作期间必定闹过不愉快。不管在他人眼中这个"不愉快"重要与否，李国庆的心中已经对投行是深恶痛绝了。但为了上市，他得忍着。忍耐的时间越长，内伤越重，所以才有了后面负面情绪的大爆发。

其实，"尽职调查"并非是可以分开理解的"定语 + 主语"结构，而是一个专有名词。它是中介机构对准备上市或者即将被收购的企业进行的全面深入的核查，以确保买家不吃亏的一项工作。从买方的角度来说，尽职调查其实就是风险管理，他们需要调查者事无巨细，尽可能掌握这家企业方方面面的数据和实际情况，以便确定收购或者上市的计划是否可行。很明显，投行就是中介机构，而当当网这样急需上市的企业就是被调查的对象。

调查完毕，投行认为该企业确实具有上市的可操作性，那么就可以进入"做项目"的阶段了。当当网是在 2010 年 11 月开始进入"入市倒计时"的，当时他们已经开始制作招股说明书，并准备路演了。

写招股说明书的时候，出了一件不算大也不算小的事。这件事让李国庆在公司上市以后还耿耿于怀，认为是摩根斯坦利在耍花招。大摩的团队说香港的印刷水平高，所以当当的招股说明书必须要拿到香港去印刷。这个建议或者说命令让李国庆大为不满，自己在内地的出版圈混了这么多年，才不会相信在内地连一份上市招股书都印不出来。但说到包装上市，还是投行专业，李国庆选择了隐忍，听从了投行的建议，让俞渝和 CFO 杨嘉宏这两位具体负责人一起去了香港。

李国庆虽然没有去香港，但俞渝到了香港之后也会随时给李国庆打电话，汇报最新进展。一天，李国庆接到电话，发觉俞渝的声音听起来好像有些低沉，应该是心情不太好。俞渝说大摩以"朝韩军事冲突升级，影响金融市场"为由要将当当股票的发行价格定为 7～9 美元。

大摩提到的"朝韩军事冲突升级"倒是确有其事。11 月 23 日，朝韩在延坪岛交火，瞬间就给国际金融局势带来了动荡。尤其是亚太股市深受其害，欧洲股市和纽约股市也受到了不同程度的影响。但是当天的新闻评论中，专家认为这次事件是短期事件，不会对世界经济和金融形势造成长期的影响。但是作为主要承销商的大摩则揪住了这件事情不放，说基于国际形势的变化，基金认购的热情可能会下降。为了确保发行成功，企业的估值就不能过高，保守点说，也就是 8 亿美元左右吧。这个价格与李国庆预期中的当当网估值相差太远了。

李国庆极力反对大摩自动给当当降低估值的做法，说对方简直就是出尔反尔。谁不想让自己的公司卖个好价钱呢，何况去香港之前，大摩还满口答应当当网的 IPO 估值会在 10 亿 ~ 60 亿美元之间。李国庆急眼了，他对大摩的负责人说你们要是将当当网的估值低于 10 亿美元，那我宁可辞职，不当这个 CEO 了。也就是说在李国庆心中，10 亿美元是自己的底线，如果不到这个数，他就不陪投行玩了。

最后的结果是大摩并没有改变他们最初的决定，依然按照 11 ~ 13 美元的招股价区间写了招股说明书，并于 11 月 23 日提交给了美国证交会。而李国庆也没有交出自己的辞职报告，依然领导着当当网，表达几句愤怒之后，冷眼看着投行包装自己的公司。

李国庆事后仔细分析发现，大摩特意让俞渝和杨嘉宏去香港有点"调虎离山"的意思。让你们到人生地不熟的地方，势单力孤，还缺少了北京团队的支持，就好掌握了。11 月 24 日，当当网按照原计划开始了此次 IPO 的重头戏——全球巡回路演。在李国庆眼中，朝韩交火是小事，自己凝聚了 11 年心血的当当网上市才是头等大事。负责路演的还是俞渝和杨嘉宏，这两位得力干将需要跟着承销商的销售部人员在 10 天的时间里跑遍全球的金融中心，拜访不同类型基金的大佬，向对方推销当当网的股票。

当当网路演的第一天，销售情况就好得出乎意料。第一天的认购量就超过了当当网 IPO 的发行总量，1700 万股销售一空。为了让后面 9 天的路演不至于无股可售，承销商不得不决定从第二天开始，每个基金下的订单不得超过 170 万股，这是本次股票发行总量的 10%。

第二天，路演团队到了新加坡，紧接着就是美国的各大城市。整整 10 天，整个团队异常忙碌，直到上市前夜才停止奔波。路演结束后，承销商一盘点，共计 600 家基金认购了当当的股票，认购总数高达 5.2 亿股，这比当当股票发行量的 30 倍还要多。有了这样良好的开端，俞渝在 12 月 6 日向美国证监会提交了申请，希望将股票发行价格由最早申请的 11 ~ 13 美元调高至 13 ~ 15 美元。在公开发售之前提高发行价并不是俞渝心血来潮的决定，而是资本市场的惯例，定价上浮 20% 是被允许的。

12 月 7 日，俞渝和团队还没有到达纽约，他们在巴尔的摩和费城等地奔走，一天就开了 8 个会议。当天夜里，他们赶到纽约，与从北京飞来的李国庆"胜利会师"。大摩和瑞信两家投行都对此次的路演非常满意，评价也相当高。他们说这次项目不但是 2010 年度接手的单子中"参与度最好的 IPO"，也是十几年来比较成功的项目。

最终李国庆夫妇和承销商达成了一致，将当当的发行价格定为 16 美元。虽然当当网这边还希望能够更高一些，但是大摩的人说了，这个价格就很合适了，万一超过了 16 美元，吓跑了一些优质的基金公司怎么办。

事后俞渝表示 600 多个基金公司的名字排在那里，我可能连 60 个都认不全，所以只能交给承销商去判断到底定价在什么区间更为合适，这个理由听起来多少有一些无奈在里面。基金公司是承销商的老客户，每一家的底细只有他们最清楚。李国庆夫妇当时忽略了一个事实，那就是在路演过程中认购当当股票的 600 支基金各自的认购价格以及认购量各是多少。如果有了这样一份明细在手，当当网的首发价完全可以提高到 18 美元而不必担心冷场，没有人认购。

12 月 8 日，就是当当网赴美上市的大日子了。长途跋涉而来的李国庆有些水土不服，在酒店里躺着低烧不退。人们往往在生病的时候喜欢胡思乱想，好像思维多运动可以弥补身体不适的缺憾。

开盘之前，很多亲友都来要"亲友股"。李国庆和俞渝商量了一下，决定做一个很小的"亲朋好友股计划"。不过在启动"亲友股计划"之前，俞渝还特意写了一封邮件，让负责亲友股计划的工作人员一一发给了所有准备购买当当股票的亲友们。邮件中，俞渝还是奉劝大家最好别沾股票，这样做一来给大家提个醒，"股市有风险，投资须谨慎"；二来也是将自己撇清了，以免将来受埋怨。据说写完这封邮件之后，俞渝一连 20 多天不敢开邮箱——怕挨骂。

可惜的是，获赠股票的亲朋好友们高兴接受还来不及，怎么可能往外推呢。李国庆在老婆的支持下，亲友股中就有给初恋情人的一小部分。

如今当当的股价不过是发行价的 1/4，可见俞渝当时还是非常有先见之明的。不知道持有当当网亲友股的亲朋好友们有没有及时抛售手中的股份，小赚一笔。

2. 我可以敲两下钟吗

> 很多上市公司，那天都会激动得哭。我们没有，我们零售卖书，真是一天一天积累起来的。咱们是互联网的第一拨人啊！倒是第二天去洛克菲勒中心，去兰登书屋，我想起 1996 年我一个人拖着箱子在这儿谈版权，拉杆箱的轮子都冒火了，那时候仰头看那些摩天大楼，觉得自己特渺小。
>
> ——李国庆在 2011 年接受记者采访时说当当网上市当天的感受

2010 年 12 月 8 日，纽约交易所的大门前出现了两张中国人的面孔。男的围着深灰色的 LV 长围巾，女的同样是 LV 的真丝小方巾，除了脖颈上的名品点缀以及两人身着黑色情侣大衣外，背景中"当当上市"的条幅和中美两国的国旗也成为了照片中的一大亮点。这两人可不是什么电影明星跑到纽约拍写真集去了，他们正是当当网的创始人李国庆和俞渝夫妇，这天是当当网在美国上市的大日子。

从 1999～2010 年，当当网从创立到上市已经走过了 11 年的漫漫长路。与国内其他互联网企业相比，当当网 11 年的上市准备绝对算得上"长跑"了。怪不得李国庆和俞渝两口子一度被圈内人称为"只知道埋头傻干"、"互联网界的老大难"呢。

还好，2010 年圣诞节来临之前，李国庆和俞渝终于叩开了美国纽约交易所的大门，当当网在海外成功上市！媒体的相关报道铺天盖地而来，热烈祝贺有之、质疑未来有之、冷眼旁观有之，但相同的是大家都用了"中国第一家在纽约交易所上市的电子商务公司"来称呼当当网。

看到这里，有些朋友就纳闷了，怎么 2010 年底才到海外上市的当当网会成为"中国第一家"呢？人家新浪、网易、搜狐、腾讯、百度这些网站不是早就在美国上市了吗？外行了吧，媒体说的是第一家电子商务网站，您提的那几家互联网公司都不属于此列。那麦考林呢？他们公司的董事长沈南鹏在 2010 年 10 月 27 日凌晨就发了微博，兴奋地宣告"在纳斯达克，麦考林今天成功上市！股票受到了投资者的热情追捧。相信这是公司一个新的起点"！没错，麦考林是货真价实的电子商务网站，早当当一个半月在美国上市也没有问题。但是您再仔细看，会发现两家公司 IPO 走的不是同一条道路——当当网登陆的是纽约交易所，而麦考林选择的是纳斯达克交易所。

说起这两家极负盛名的交易所，我们先来作一个小小的比较。

纽约证券交易所成立于 1863 年，属于"百年老字号"的证券交易市场，目前它也是世界上规模最大的有价证券交易市场。纽交所百年以来，一直以高标准、高收费、高门槛的特点著称于世，能在这里上市的企业都有"两把刷子"，一般来说都是资产规模大、市值高、发展历史悠久的"大"公司。不足之处是纽交所可能是因为历史太悠久了，一直舍不得摒弃手写录入的古老方式，不过 10 年前它已经开始接受新事物，引入了电子交易模式。

与纽交所这样的"老牌贵族"相比，纳斯达克是交易市场的"新贵"。这里是一个完全采用电子交易的股票市场，对上市公司的要求相对宽松一些，一般来说只要有漂亮的财务报表和未来能够赢利的预测，申请到这里上市都会被批准。所以纳斯达克吸引了众多成长期的中小型公司，给急需得到资本注入的创业股、科技股等提供了融资的平台。

之前，到美国上市的中国互联网公司都比较倾向到纳斯达克。原因很明显，门槛低、融资快，又有背后美国风投公司或者投行的大力支持，到这里上市几乎是必然的选择。像前面提到的几家公司几乎清一色都是纳斯达克创业板上市的。

有了这个前提，李国庆和俞渝选择了纽约交易所，这也令很多人觉得奇怪，这两个人为什么要费工夫选择更为严格的纽交所上市呢？其实从头看当当公司到美国上市这件事，不是李国庆夫妻选择了纽交所，而是实力更为强劲的纽交所选择了当当。李国庆很自豪地说："纽交所跟纳斯达克比，纽交所还是500强。美国有85％的上市公司在纽交所，所以我觉得纽交所的地位更符合当当网今天的实力。因为当当网不仅是高成长，而且连续两年赢利。"

2010年12月8日，除了当当网之外，来自中国的另一家互联网公司优酷网也在同一天登陆纽交所。美国人知道厚此薄彼不是待客之道，于是安排优酷网的创始人古永锵和李国庆分别敲响那一天的开盘钟和停盘钟。

李国庆是当当上市的前一天才抵达纽约的，由于身体不适，早上他并没有出现在纽交所的大厅。直到当天下午才从酒店出发，赶到纽交所参加敲钟仪式。

当李国庆看到当当的股价高开高走的时候，立刻就生气了。他回忆说自己当时都不想敲钟了，准备转身离开。后来是两个副总拉住了他，两人问他是不是对投行定的股价不满意，李国庆没有否认。

事后他曾表示，"公司上市，股票价格比定价涨跌超40％就是投行的低能或者品行低"。不过对于他的这一条评论，很多业内人士都不以为然。优酷当天的收盘价还比定价高了 161% 呢，也没听说古永锵发飙，怎么你李国庆就这么多牢骚呢？还有人拿 2005 年百度上市当天股票疯长 353% 的事例来刺激李国庆，让他学学李彦宏的修养。

既然被副总们拉了回来，李国庆也就没再坚持离开。敲钟的时候，他突发奇想，问纽交所的工作人员可不可以敲两下。因为当当网是叠音词，而敲钟的声音正好也是"当"。这个请求让对方小小惊愕了一下，因为纽交所成立 100 多年了，好像还没有出现过敲两声的先例。不过对方还是很大方地满足了李国庆的小小心愿，但是告诫他只能敲两下，不能再多了，如果响了三声的话，市场会乱的。于是，"当当"——钟声回响在纽交所的大厅。

3. "很黄很暴力"的口诛笔伐

> 已经成功的上市公司创办人比我受的伤多很多，我在为这个群体发声，希望能摆正企业和资本、投行的关系。
>
> ——李国庆解释自己怒斥投行的原因

2011 年 1 月 15 日的晚上，当当网上市不过一个多月的时间，李国庆忽然在微博上发飙了。他即兴创作了一首"摇滚歌词"，大骂投行不地道，指责对方在"帮助"当当网上市的过程中故意压低股价，欺负自己等行为。让很多人纳闷不已的是当年已经 47 岁的李国庆，怎么还会有那么大的火气？是什么人能逼得他不顾个人形象，竟然到微博上大爆粗口。

说起来，能成功激怒李国庆的还不是别人，正是他最得力的事业助手兼生活伴侣俞渝女士。不过真要追根究底，俞渝不过是导火索罢了，真正让李总差点憋出内伤的还是当当的上市定价问题。其中投行在这一过程中的消极作用让李国庆怒火中烧了许久，到了俞渝决定宴请投行的那一刻终于喷涌而出。

我们知道，在当当上市的第一天，李国庆看到股价高开高走的那一刻就火了。要不是两位副总的挽留，他连闭市钟都不敲，就负气离去了。当时为了照顾所有人的面子，李国庆隐忍着没有发作，可是不发作出来不等于怒火就熄灭了，而是随着瑞信和大摩两家投行的人接到俞渝的宴请通知后彻底爆发出来。

在李国庆看来，上市成功是我们当当内部的事情，要开庆功宴也是我们内部人自己庆祝，没投行什么事。况且这都上市一个多月了，北京、纽约的庆功宴也都开过了，这件事情就该告一段落了。可是瑞信和大摩两家投行 30 多号人居然浩浩荡荡飞到北京来考察了。既然是老相识，俞渝得知曾经的合作伙伴抵京之后，就向他们发出了邀请。

本来吃顿饭是很正常的事情，可是俞渝跟李国庆一说，没想到李国庆不但坚持不出席，还说这顿饭压根就不该请。他觉得上市的过程不是投行在帮助创业公司挣钱，而是专门来榨取上市公司高额手续费的。他说投行"你们挣了钱，升了官，就躲我远点。让我说你们好，没门……真是无赖。现在气得我手都哆嗦"。

俞渝也是女强人的作风，在公司就是说一不二的领导者。很多当当网的员工都说李国庆比较随和，平时没事爱开个玩笑什么的，大家都不怵他。但是俞渝总是不苟言笑，公事公办的样子，比较之下，还是俞渝更有威严一些。所以当李国庆断然拒绝出席邀请投行的宴会，还批评俞渝不该请对方吃饭的时候，俞渝也急了，干脆当着李国庆的面给酒店打电话，将每个人的餐标由 300 元提高到了 500 元。李国庆没法阻止老婆的"疯狂"，撂下一句你敢请他们我就敢发微博骂他们。于是，因为两口子怄气，弄出了这么一首"摇滚歌词"出来。

"歌词"发表的第二天，有自称大摩员工的女子针对李国庆的微博展开了一场旷日持久的"很黄很暴力"的网络对骂。对方貌似很懂行，针针见血地刺激李国庆，甚至拿俞渝一手操办路演，李国庆靠边站的事情来讽刺李国庆"吃软饭"。所谓"大摩女"的语言尺度很大，脏话很多，但是大摩公司很快就出来澄清那个人根本不是大摩的员工。这事闹的，既然对方不是投行的人，李国庆这火都不知道该冲谁撒去。

由于李国庆的"摇滚歌词"带有粗口，1月17日，当当官网发表声明，说李国庆微博内容属于个人的文学爱好，与公司行为无关。这不能怪当当董事会无情，只能说李总一把年纪还不能管住自己的嘴巴，实属不应该。当天晚上，李国庆也消气了，就歌词和口水战向董事会道歉，也向网民道歉，称自己爆粗口是不对的，是有失水准的行为，是污染网络语言环境的，以后一定注意。但是他并没有一丁点向被自己臭骂一顿的投行道歉的意思，还说自己纯属文学创作，影射现实而已。李国庆不无自豪地说，如果把歌词中的脏话用××来代替的话，还称得上一篇佳作呢。

对于李国庆的"口误"，很多业内人士都通过微博表示了关注。有劝告的，比如李开复；有安慰的，比如张欣；当然也少不了站在投行这边指责李国庆的。不过最有意思的是还有嫌李国庆一人唱不完一台大戏，主动跳出来助演的。这位"热心的助演演员"就是易趣网的创始人邵亦波。邵亦波的微博在李国庆前脚道歉之后，后脚就"接枪"，继续炮轰投行。他写道："我有个好公司，一流的创业者，碰到一个盛名在外却优柔寡断、自以为是的投资者做董事，真惨，公司的价值至少因为他们损失一半。"

事情过去之后，俞渝也表示自己还是支持老公的，说"国庆话糙理不糙"。

李国庆的老对手刘强东的发言也是众人关注的焦点之一，刘强东说自己很佩服李国庆的勇气，但是不支持他这种行为。原因很简单，"商务人士契约精神第一！自己自愿签署的合同必须执行"。言下之意也很明显，"国庆啊，既然合同都是你们当当自愿签署的，那就别抱怨了。咱们作为商务人士，连这点担当都没有吗？"刘强东这是站着说话不腰疼，等过两年京东上市的时候再若有此遭遇，他的表现不一定比李国庆镇定多少。

来自投行的内部人士也承认"中国的企业在美国上市都要被扒下一层皮"，所以李国庆的骂战在中国概念股集体被投行欺负的情况下显出了一丝悲情英雄的味道。当大家在吃亏之后集体沉默的时候，李国庆的直言又有点像是识破了皇帝的新装的小男孩一样，每个人都是心中点头，嘴里却不敢苟同，生怕别人认为自己不够成熟。

华兴资本 CEO 包凡说："中国的创业企业需要自己的投行，而且是世界级的投行，这样才不受人欺负。欧洲皇室撑起了罗希尔德，犹太人撑起了高盛，香港家族撑了百富勤，央企撑起了中金，中国的创业者们，谁是你们华尔街的代言人?!"是李国庆骂醒了中国的创业者们，中国的民营公司需要属于自己的一流的投行，才能不被外国资本总当作"冤大头"。

第十章

与人斗，其乐无穷

有人说：在中国所有互联网上市公司的老总中，若论"个性鲜明"，李国庆至少可以排进前五位。他曾在当当上市之后告诉公司董事会的成员们以后自己说话办事要高调了，希望大家做好心理准备。打好了这个招呼，李国庆的名字和他的微博开始频频占据各大商务网站的头条。战京东、斗淘宝、挑战亚马逊、超越红孩子，李国庆在电商的世界中充分发扬了"与人斗，其乐无穷"的"革命乐观主义精神"。

1. 只有不断超越，才能更好地生存

> 当当网已经开始着手每两年打造一个品类在全网中取得领先优势，其中母婴类商品年底已实现这一目标，月销量达 3000 万元，增长率超过 300%，这一销量已经超过了垂直类母婴 B2C 网站红孩子。
>
> ——李国庆在 2011 年底谈当当转型百货成功之后的自豪

2004 年，一家专门出售母婴产品的网站悄悄崛起，它叫"红孩子"。这家只有 200 万元启动资金的网站在当年就实现了赢利，堪称 B2C 市场的一个奇迹。短短三年的时间里，知名度并不高的"红孩子"营业额在国内的 B2C 市场已经不容小视了。尤其是它的赢利率更是一枝独秀，让京东、当当、卓越这些自称"B2C"老大的网商都有些脸红。

由于"红孩子"的切入点是母婴产品，让很多人误以为它的创始人是一位资深的妈妈或者至少是一位非常细心的女性掌门人。但了解真相之后，大家才知道"孕育"出"红孩子"的不是女性而是四位"纯爷们"。其中三个还在 2004 年刚升级为"奶爸"，对母婴用品的了解比一般的大男人要更深入。也许，这一共同点是他们决意要做一家专业母婴用品网站的最根本原因。

其实，2004 年并不能算是 B2C 发展的最好时期，数量庞大的互联网用户中，仅有 4.5% 的消费者选择了在网上商城购物，当当网和卓越网这两家主要经营图书音像制品的公司已经算是当时比较成功的 B2C 网站了。红孩子的创始人之一徐沛欣回忆创业时的情形，就提到了当时的这个创业环境问题，不过他们几个创始人很看好 B2C 的未来，认为这会是将来发展的潮流。另外，他们都认可母婴市场的前景，也才有了后来红极一时的"红孩子"。

中国有句老话："英雄所见略同。"当时的电子商务市场主要是 B2B 的天下，B2C 的模式刚刚崛起，但后来争雄中国电子商务市场的几家大公司几乎都是在低谷的市场状态中孕育出来的。

也有人认为 2004 年互联网企业的发展机遇是 2003 年的"非典"带来的"副产品"。京东商城的刘强东和凡客诚品的陈年都是大家公认的"非典"之后崛起的电商，他们承认是"非典"迫使中国的网民们开始体验足不出户的网络消费模式。

红孩子也等于坐上了"非典"之后的这班 B2C 发展快车，创业之初就占据了天时和地利两大优势，但资金少、人手少、经验少也是红孩子当时面临的实际困难。没办法，四个创始人只好身兼老板、采购、财务、快递数职于一身，不分白天黑夜地走家串户送奶粉。有时候顾客网上下了单，正赶上红孩子缺货的话，他们二话不说会从实体店买好，然后再免费给消费者送货上门。正是通过最初艰苦卓绝的"赔本赚吆喝"，红孩子才有了后来的不断成长。

到了 2007 年，红孩子的日营业额已经达到了 170 万元，年销售额突破 6 亿元。而当当和卓越作为红孩子在 B2C 领域的"老大哥"，想要实现这一目标还得继续努力。最让其他电商 CEO 汗颜的是红孩子在成立的第一年就实现了赢利，成立三年之后就将净利润率达到了 2~3 个百分点上。确实，"赢利"两个字无论对李国庆、陈年还是刘强东来说，都不是一件容易的事情。他们的首要任务是销售规模，其次是物流供应链，只有这两者都达到一定的程度，才会考虑赢利的事情，上市融资则另当别论。

2007 年，当红孩子的徐沛欣介绍他的公司实现了多少净利润的时候，李国庆正在取笑卓越一年亏损 9000 万元，同时很骄傲地表示自己的亏损额不足卓越的 1/5，即不到 2000 万元。很多媒体都在这件事上大做文章，说当当网是"五十步笑百步"，说红孩子是"悄然称雄"，赢利速度超过当当、卓越。

出现这一状况并不是因为卓越、当当的高管们不及红孩子的创业团队更有水平，而是营业品类的问题。当当、卓越自成立的那一天起就是以亚马逊为奋斗目标，出售的商品也以图书音像制品为主。但红孩子是垂直类的母婴销售网站，无论是利润还是单价都比图书要高得多。所以出现了红孩子平均每单的销售额都在 200 元左右，而当当、卓越的销售额只有区区几十元的现象。李国庆也意识到了这一点，所以他开始全力谋求当当网的转型。李国庆或是俞渝在做客某些访谈类节目或者接受媒体采访的时候，都会借机宣传一下当当开始百货类销售的信息。

尤其是 2010 年 12 月当当网上市之后，李国庆更是发出豪言，上市融资资金主要用于拓宽当当的百货类产品以及改善服务上。他这样说了，也这样做了。仅仅一年的时间，母婴市场就重新洗牌。2011 年 11 月 25 日，李国庆自豪地宣布当当网仅母婴一项品类的月营业额就达到了 3000 万元，增长率更是达到了 300%。这两个数字表明当当网已经全面超越了红孩子，成为中国 B2C 网站中母婴产品的老大。

当当网能够成功蚕食红孩子等图书以外的百货类市场有一个很重要的因素，就是当当 10 余年以来积累了优质的客户资源。此外，当当的云计算也不容小觑，技术上的领先可以将奶粉、尿片、童装和童书等不在同一个品类的东西都推到消费者眼前，帮助对方实现"一站式购物"的便捷体验。当当网除了低价出售婴童用品之外，还向年轻的爸爸妈妈们传授育儿知识，并为新爸爸新妈妈提供分享育儿经验的平台，这种人性化的服务也为当当全面超越红孩子提供了助力。

原本计划着在 2008 年或者 2009 年上市的红孩子却开始走下坡路了。已经离开的高管说是红孩子"自己走失了"，而非它竞争不过外在的对手。2011 年红孩子开始了 IPO，但是因故搁浅。到了 2012 年，关于红孩子的负面消息更是一波未平一波又起。有人质疑红孩子还能再"红"起来吗？有人传红孩子要被苏宁易购收购，紧接着双方出面否认此事。也有媒体写到红孩子欲出售给外资企业但遭到拒绝等等，反正都是让徐沛欣添堵的传闻。

曾经红极一时的红孩子真的一蹶不振了吗？长期关注红孩子的业内人士沉重地点了点头，表示红孩子在"迷失"了 3 年之后，已经被当当、京东、天猫这些财大气粗的公司远远甩开了。

当当的图书一直卖得很好，甚至可以说在网络图书销售市场上，他们占据了半壁江山。但李国庆却敏锐地发现了图书业的销售额在那摆着，即使自己再努力，占领了百分百的图书市场，销售额还是无法和天猫、京东比肩。所以，只有大力发展百货类才是当当最好的出路。

没有犹豫，没有徘徊，当当自从确立将百货纳入发展目标后从未停止过拓展的脚步。认准目标，全身心投入，应该是李国庆成功的秘诀之一。就像李国庆说的一样，当当是属于"胆大心细"的电子商务企业。他们有野心，也不缺少实现野心的耐心和细心。在李国庆身上你不会看到盲目扩张的势头，而是非常冷静地按照既定步骤，坚持他们"每两年扩张一个品类"的频率，稳步增长。

2. 想领先，就要先革自己的命

> 过去十年当当网在图书零售上一直在尝试推出革命性的产品、应用。在百货零售领域，也需要不断的破，不断的立。
>
> ——李国庆谈当当网的发展战略

2009 年 12 月 29 日，当当网的高层自豪地宣布，当当网已经占有国内网上图书零售市场一半以上的份额，占据中国整个图书市场份额的 1/10。这两个数据对于当当网来说都是沉甸甸的喜悦，既是对当当 10 年来付出的肯定，也是向竞争对手们证明自己在图书行业的地位无可撼动。

之前，卓越网一直在和当当竞争图书老大的名号，两家都不服输，都坚持自己是"中国最大的网上书店"。李国庆这次干脆不争了，因为两家都拿自己统计的数据来争辩没意思，还是交给第三方来裁决吧。这不，易观国际的统计数据出来了，这下卓越网不敢叫嚣了吧。作为中国科技及互联网行业最大的信息产品、服务和解决方案提供商，易观国际所提供的数据权威性是毋庸置疑的。

李国庆早就算过一笔账，整个中国图书行业才有 300 亿元的市场。在这一前提下，即便当当网百分百地掌控了这个行业，一年的销售总额也就是 300 亿元，不可能增加更多。所以他的终极梦想是打造一个大大的商业帝国，拥有充分的财务自由之后，随心所欲，做自己喜欢的一切事情。很显然，要想实现组建商业帝国的终极梦想，只靠卖书是不行的。

将触角深入到百货类，是当当发展的必然选择。可是，怎样一面保持住图书业的霸主地位，一面放心大胆地迈步向前也是李国庆需要考虑的部分。如果只顾着埋头扩张品类，一不小心让京东、卓越、淘宝、苏宁易购这些虎视眈眈的对手侵占了自己在图书市场的份额，那就得不偿失了。

除了传统的纸质图书之外，当当网开始向前跨越，试水电子书市场。2011年11月，当当网内部成立了出版物数字业务部，准备正式进军电子书市场。这个新成立的部门经理是李国庆亲自兼任的，由此可见当当对进军电子书市场的重视程度。

这个时候，如果你打开一些主流人才招聘网站的话，会发现"当当网招聘电子书内容合作人才或者运营人才"的消息。按照李国庆的"大嘴预测"，数字业务的蓬勃发展时期将会出现在3年以后，届时出版业这条产业链的上下游都会参与到电子书的革命当中。所以，当当网选择此时进军电子书市场，不早不晚，刚刚好。

据说，当当网上线电子书之前还专门针对出版商作过一项调查，结果显示有超过100家的出版商看好和支持它，希望当当能够尽快牵头，改变电子书的现状，帮助电子书走向大众市场。

虽然人们都明白电子书的出现是未来图书业发展的必然趋势，甚至有人预言电子书阅读器会像MP3、手机一样普及，成为人手一部的常规化产品。但是在当当进军这一领域之前，电子书的市场呈现出一片散沙的局面，缺少标杆类的企业作为电子书市场的主心骨。

如果说汉王、盛大和电信运营商分别代表电子书平台三种模式的话，那么当当网的加入则为这一市场提供了第四种选择。汉王是以内容来支持硬件的销售，盛大是用硬件来带动内容的销售，电信运营商属于白手起家，硬件和内容都缺少的情况下从零开始，而当当就是专一的内容渠道商。

最尴尬的是这几种模式看起来热闹，但是到目前为止没有一种模式能够达到赢利。

当当电子书上线的消息是由副总裁易文飞向媒体宣布的。当当网宣布他们上线的电子书绝大多数售价都在十元以下，是真正的物美价廉。与之同步的是当当开始启用"数字书刊"这一名称统辖当当网所有的电子书。

李国庆在微博中补充了关于电子书的一些个人建议，非常具有李国庆的个人风格。他除了表示当当网会给读者20%免费阅读的篇幅之外，还提了两条非常"可爱"的"呼吁"。他的"呼吁"是针对出版社和电子书作者的。李国庆写道：应该让买了纸书的顾客可以免费下载电子书，因为顾客付费就是买了内容；让付费下载的数字书可以免费转发1次，因为传阅1次在纸书时代也是常有的事情。

将数字书刊零售，先让读者阅读一小部分的免费篇幅算是"体验式消费"。当读者觉得这部书值得一读的时候，会出现两种消费者。第一是在当当网购买实体书，第二是订阅更加便宜的电子书。不管选择哪一条路，当当网都成功抓住了顾客的消费欲望，而后促成了本次消费过程。

退一步讲，即使读者只是冲着免费的章节而来，也能给当当增添不少人气。当当的页面设计得相当合理，商品琳琅满目又不显拥挤。没准通过"您可能感兴趣"的产品推荐，原本只是读书的消费者会顺便带点化妆品或者日用百货回去呢。

2012年2月20日，当当网的电子书业务平台宣布改版升级，不但将原来的"数字书刊"更名为"数字馆"，还大幅扩充了电子书的数量，与上线之初相比，扩充之后的电子书总量接近10万种之多。

当当电子书刚刚面世的时候，是与苹果的 iPad、iPhone 和 Google 的安卓等平台合作的。半年之后，当当自有品牌的电子阅读器"都看"限量推出。

2012 年 7 月 26 日，当当网正式预售其自有品牌电子阅读器"都看"。此前，不管是汉王还是盛大，都没有与电子书的内容提供商——出版社达成比较好的合作意向，内容方面总是差强人意。所以当当的"都看"还未上市，易文飞就表示当当的电子阅读器依托于此前在出版业的深耕，向顾客保证当当和上游出版机构的关系非同一般，常年稳固的合作关系能够保证大量优质的数字内容源源不断地送到消费者面前。

"都看"定价 599 元，但是在发售当天，当当网上显示首批 1 万台阅读器的预售价格为 499 元。当当网的工作人员介绍"都看"可以直接通过 3G 或者 Wifi 在当当网购买电子书。与同类产品相比较，"都看"的价格还是比较实惠的。李国庆说当当有 1000 万深度阅读客户，只要其中的 20% 购买了这款阅读器，那么就不用担心出现亏损的局面。所以当当网自己对这款产品充满了信心。

对于李国庆来说，他并不指望着靠卖硬件来为当当赚钱，只要"都看"阅读器的出现能够拉动当当网电子书业务的发展就算大功一件了。也就是说，当当最终还是要靠卖电子书来赚钱的，而非出售阅读器。

李国庆以"硬件厂商没有内容，不知道市场有多深，他们不敢贸然尝试，而当当的客户确实有需求，所以我们只好硬着头皮做"为理由，投入到了电子书阅读器的生产当中。可当他用了两天的时间才熟练运用这款成本相对低廉的阅读器时，对自己体验的效果并不十分满意。他曾经指望这款"都看"没有任何多余的功能，就是最纯粹的阅读工具。因为附加的功能多了，容易影响阅读器的原始功能。用过之后，李国庆只给这台阅读器打了85分，不高不低，不尴不尬。也就是说，当当的"都看"还有很大的可待提升的空间。

尽管阅读器市场的大环境并不太好，至今没有发展到令人满意的程度，但是不妨碍起步阶段的竞争者的存在。当当网的高管就曾暗示盛大已经停止生产电子书，有放弃该业务的倾向。可没过两天，盛大官方就出来"辟谣"，盛大果壳电子的CEO郭朝晖直接在微博上质问李国庆："市场上只有我们盛大稳定出货，稳步增长，您怎么（就自作主张）替我们下架了？"尽管盛大嘴上反驳得厉害，但他们内部员工承认公司的主要精力放在手机的研发上而非电子书。

这种前途未卜的电子书市场让处于领先地位的汉王也有点迷茫。他们知道即使公司推出的"汉王电纸书"销量不俗，但是没有人敢保证这将会是长期的、良性的赢利模式。与中国的消极市场对比明显的是亚马逊在电子书领域的亮丽成绩，它们曾在2009～2011年的三个年度使得"Kindle系列电子书"达到了真正的"热卖"。不过随着2012年平板电脑的普及，Kindle电子书阅读器受到影响，已经减少了向上游制造商的订货量。

试试将"Kindle"和"都看"两个词语放到一起读，有什么不一样的感受吗？没错，很多人都注意到了当当网的"都看"和亚马逊的"Kindle"发音正好相反。这是巧合还是故意为之？当八卦的记者们就此事询问李国庆时，快人快语的李国庆很坦荡地说"我们就是直接抄Kindle的"。能把抄袭说得气壮山河，除了李国庆之外实在想不出还有第二个企业家拥有这样的"勇气和魄力"。李国庆补充道："从硬件上来讲，世界是平的，大家都没太大差别。"

李国庆不介意自己是"大嘴巴"，但依然有很多人为他担忧，认为他公然承认抄袭的事情等于再一次破坏了行业的"潜规则"。上一次公开揭露投行压榨IPO的创业企业就已经很"惊世骇俗"了，这一次又直言不讳抄袭亚马逊，李国庆就不怕对手站出来告他吗？不等李国庆自己回答，就有分析人士主动解答了这个问题，说李国庆的"都看"既然能顺利面市，肯定不是完全照搬照抄亚马逊。有一定程度的模仿应该是避免不了的，毕竟阅读器的功能摆在那儿，只要是同类产品，就肯定有相同或者相似的地方。

3．2012，李国庆很忙

> 咬人的狗不叫，真要发动价格战，如果是为了顾客而不是为了给投资人看，就应该大规模突然袭击一下，让对手措手不及。哪有价格战是先喊出来的？
>
> ——李国庆一针见血地指出对手发动价格战的本质

玛雅预言中代表覆灭的 2012 年来了，可中国的电子商务市场并没有因为这个子虚乌有的传说而变得和平共处。价格战的硝烟仍然四起，每一家有实力的网站都在不遗余力地争取潜在的消费者，它们都希望能通过更加低廉的价格和更加优质的商品将竞争对手的客户拉到自己的阵营当中。这也难怪电商们促销起来"不择手段"，因为对于消费者来说已经无所谓是哪一家网站的忠实"粉丝"。谁都和钱没有仇，当然是谁的商品性价比更高就选择谁。母婴用品、图书百货、电子音像、手机电器，不管是大类还是小类，几家实力超群的网站之间的竞争一刻没有停息。当当、天猫、京东和苏宁易购，每一家都铆足了劲，希望能在 2012 年拼个你死我活，把对方彻底踩在脚下。

想要分出谁胜谁负谈何容易？毕竟这几家电商都是目前中国最具实力的网商，互相不服输、互看不顺眼。李国庆颇有些无奈地说道："只要少参加一场价格战，当当网销售额就立刻剧降。"看来也不是他要靠价格战来吸引消费者，而是"人在江湖，身不由己"。不管是哪一个对手主动发起，其他几家都不得不被迫加入混战之中。

2012 年还有一个奇怪的现象，就是几家网站的 CEO 都忙得脚不沾地。他们不是忙着参加各种年会、峰会，就是忙着指挥自己的公司砸出多少万美元进行大规模的价格对抗。有明白人就说了，这些"败家"的大佬们不是在争夺当下的市场，而是在争夺三年之后的市场话语权、议价权。

"举国皆忙乱"中，李国庆并不能置身事外、独善其身，他如同往常一样兴致很高地参加一些峰会，兴致勃勃地说上一大堆发自肺腑的实话，然后等待自己的言论在第二天成为各大商业周刊的头条，引发一波又一波的争议。

4 月份，在福建泉州举行的"2012 鞋服行业峰会"广邀行业内的大佬参加，李国庆作为最重要的嘉宾出席。活动的举办方以李国庆答应参会为"招牌"，吸引其他电商公司、传统鞋服集团、第三方研究机构的当家人参与进来。凡客诚品、一号店、京东百货、亚马逊中国、天猫等商家来的代表都是副总裁、总监等二把手。所以李国庆作为当当网的创始人兼 CEO，当仁不让地成为此次峰会最为重要的发言嘉宾之一。

6 月份，当京东商城和苏宁易购还在争做中国电商老大的时候，当当网却主动"走出去"，联系上了腾讯旗下 QQ 网购的图书和母婴业务，两家达成了互补合作的友好关系。业界有人分析可能是一季度并不漂亮的财报让当当网在正面与京东、苏宁易购对抗方面有些底气不足，只能转向背后与腾讯合作，算是在看不见的战场上参与了这场旷日持久的战斗。

至于这次合作是当当占便宜还是腾讯更有利就是见仁见智、各执一词了。有人认为当当网在成本上有很大的优势，与上游出版社的关系非同一般，这是腾讯图书的短板。但是也有人说腾讯QQ的用户群数量庞大，一旦与当当结盟，将会为当当网带来难以估量的超大访问量。

7月份，在北京呆腻了的李国庆到了滨海城市青岛做客，顺便参加了青岛市政府和《中国企业家》杂志共同举办的中国企业"未来之星"年会。这么大规模的盛会，当然少不了李国庆的发言机会。想必主办方也知道，只要李国庆肯开金口，媒体的宣传肯定能够到位。果然，李国庆发扬了一贯的"语不惊人死不休"的"优良传统"，提出了"破坏式创新"已经成为近年来的发展趋势。

这次讲话中，李国庆抛出了一个新观点：一个企业能否推动破坏性的变革，一个合格CEO最为关键。"当一个企业停止了创新，由快速增长、由市场份额扩大到停滞，从停滞到下滑是非常快的进程。所以，与其等死，不如做这场冒险。"当时与会的其他未上市公司的领导们都将李国庆的这句话视为金玉良言。

5月份，京东商城和苏宁易购之间拉开了"有史以来"规模最大的价格战。到了8月盛夏，双方的竞争更是到了白热化的阶段。除了价格上的"跳楼"、"放血"之外，两位老总也在微博上赤膊上阵，不顾形象地攻击对方。刘强东这边刚说完"京东大家电三年内零毛利"，苏宁那边就接口说"苏宁将启动史上最大规模的促销，帮助刘总提前完成减员增效的任务"。苏宁宣布"京东要是卖一元，苏宁就卖九毛五"，刘强东马上就说"苏宁要是敢卖一元，京东肯定是0元"。这种你来我往的交锋让单纯围观的人看得头晕眼花，何况是真心准备购买大家电的消费者了。

在中国，随便从大街上找一个人问他能单挑京东和苏宁的大家电供应商是谁，肯定只有一个答案——"国美"。当当的"盟友"

国美电器对这场声势浩大的价格战也没有冷眼旁观。看到刘强东"得瑟"了这么久，2012 年 8 月 16 日，国美再也忍不住了。国美总部宣布自 17 日起，国美在全国的"1700 多家门店将保持线上线下同价，全系列、全方位向京东挑战"。

当当网虽然在家电行业的竞争力不强，但这却不妨碍李国庆通过其他方式向刘强东叫板。联手国美对阵京东属于家电行业的分内之事，这一点算不上当当的表态。但当当网首页自 8 月 16 日开始就旗帜鲜明地针对京东做一系列的降价、买赠、限时抢购等活动，绝对是李国庆参战的明显标志。

8 月 18 日，李国庆一身型男装扮出现在当当首页上。旁边的字幕火药味十足："光打家电战不过瘾，要打就打全品类！"李国庆表示当当网的手机、电脑和小家电也将参与到此次价格战当中来。更有挑衅意味的是字幕下面还有一只小小的蟑螂被打上了一个红叉叉，很明显，蟑螂就是"小强"，而小强是谁就不言自明了吧。这个李国庆真够狠、也真够损的。

第十一章
当当为什么能成功

作为一家成立于1999年的电子商务企业，当当网绝对算得上是中国互联网行业的元老级公司了。三次融资，十年坚守，当当网终于在2010年年底成功上市。是谁在引领当当网不断开拓新的市场？是什么精神在支撑着当当网从一家单一的网上书店蜕变为品类齐全的"网上沃尔玛"？是什么原因促使当当网在大浪淘沙般的险恶环境中生存并发展壮大？本章带您走进当当，找寻它能成功的秘密。

1. 铁打的当当，流水的高管

辞职已经是当事人职业生涯代价，别搞成引咎；也别在公司内声讨，更别诉诸媒体……让我们一起营造合伙人和职业经理人健康的进退氛围。

——阿里巴巴 B2B 公司 CEO 辞职时，李国庆在微博上呼吁马云要给高管留足面子，这也可以看出李国庆对当当高管的态度

13 年前，俞渝告别了华尔街的光鲜生活，跟着老公回到北京创业。说他们"夫妻创业"都是外界的叫法，其实要让俞渝自己说，她这辈子都没想过要创业，没想过自己会去从无到有地开创一家电子商务公司。但是李国庆要创业的时候，俞渝二话不说。她只有一个选择——责无旁贷地辅佐老公把事业做得漂漂亮亮。

因为他们夫妻二人一直都在当当网担任最重要的职务，所以很多人会略带偏见地说当当网是一家"夫妻店"或者"家族企业"。隐含的意思就是高管们到了当当网之后会缺少发挥的空间，会有很多的掣肘，万一碰到两个总裁意见相左的时候，就更难做人了。其实这些人多虑了，当当网是李国庆和俞渝一手缔造的没错，但是创业资金并非家族出资，而是由好几方投资人共同注资的，从这一点上说，当当就不能算作纯粹的家族企业。另外一个很明显的特点是，除了李国庆和俞渝之外，他们两个人的任何亲戚都不在当当网任职，

所以不会出现一大堆"皇亲国戚"作为"不定时炸弹"般的存在让高管们为难。

李国庆和俞渝一开始就分工明确，基本上不会出现权力交叉的时候。他们也不要求所有的员工都必须听从两人的号令。不过李国庆曾经"委屈"地透露过："我只管理我负责的部门，俞渝负责的部门我就从不过去指手画脚。不过俞渝就做不到这一点，偶尔她会'越界'，管辖到我的势力范围。"

虽然两个人都不回避当当网"夫妻店"的问题，但是他们一开始就对此事有了充分而清醒的认识，同时也作好了相应的准备——引入一支豪华管理团队，来冲散李国庆或者俞渝个人在公司的影响力。

当当创立之初，李国庆和俞渝在投资方的要求下共同出任联合总裁，李国庆分管市场、采购、编辑等内部之事；俞渝负责技术、融资、海外市场、财务、物流等外围方面。粗看的话，好像是俞渝的职权稍高，管辖范围稍大，不知内情的人总会觉得俞渝才是当当的老总，这让李国庆多少有点头疼，尤其是听到有人说"李国庆，你老婆办的当当挺不错"的时候。但是俞渝说了，自己管辖的范围都是比较"死"的、一板一眼的部门，而交给李国庆负责的都是比较灵活的、需要更为高超的决断能力的部门。况且除了联合总裁的职务外，李国庆还担任公司的董事长，所以综合起来看，还是李国庆身上的"担子"更重一些。

两人的职责基本上不存在业务交叉的问题，都是各忙各的，在员工面前没有起过什么冲突。后来，俞渝又接手了人事的工作，这才和李国庆的管辖范围有了交集，有交集自然也会有分歧，不过也都是一些小事，拌两句嘴也就过去了。领导人太平当当网就太平，员工们有劲儿都往一块儿使，凝聚力很强。

　　两口子第一次专门请来"分权"的高管团队包括运营总监、技术总监、信息总监和市场总监等听起来非常时髦、先进与国际接轨的职位。这些"高位"当然要招募"高人"，若非如此，则不能相得益彰。

　　当当网的第一代技术总监海洋来自"中国信息行业的开拓者"——瀛海威。2000 年之前关注过互联网的人对"瀛海威"、"张树新"这些字眼都不陌生。毕竟作为一家民营的互联网介入服务商去做中国电信应该做的事情，那份敢为天下先的勇气无人能比。可惜的是瀛海威的战略意识过于超前，与中国整体落后的互联网环境不相符导致了它的失败。不过这并不妨碍在瀛海威打拼过的若干名年轻人成为后来崛起的新的互联网公司的骨干。张朝阳的技术总监来自瀛海威，李国庆的技术总监同样来自那个曾经辉煌无比的地方。

　　李国庆招募的第一代信息总监叫吴迦南，这位高人是贝塔斯曼中国区的业务发展总监。

　　当当最初的市场总监叫阎光，来自微软中国。加入当当的时候，阎光 35 岁，刚刚步入一个男人最黄金的时期。

　　比较可惜的是，当当网刚刚成立的第二年，互联网界就爆发了前所未有的危机。虽然当当经受住了这一次磨炼，但也不是没有任何损伤，最起码它的高管们很多都在严冬中失去了坚守的信心，相继离职了。

　　当当挺过这段互联网寒冬之后，李国庆才透露当时每送走一个高管，俞渝回家都会痛哭一回。真的是太难了，没有了职业经理人团队的支持，两口子只能互相扶持。他们虽然对自己做网上书店很有信心，但是李国庆也不知道自己倾注了全部心血的当当网何年何月才能等到赢利的那一刻。

　　送走了第一波高管"梦之队"之后，李国庆和俞渝重整河山，继续对外招聘高级经理人。2002 年 6 月 24 日，《北京晨报》刊登了这样一则消息："日前，原北京西单图书大厦总经理、北京新华外文集团总经理王宏经正式宣布加盟全球最大的中文网上书店当当网担任副总裁，主要协理当当的商品管理、物流、采购业务和运作。与他同时加盟当当的还有原西单图书大厦的副总经理吴维月。"

这两人不是血气方刚的年轻人，而是拥有多年图书运作和管理经验的资深专家。当当网罗这两位人才的时候，俞渝一度认为凭借二人在中国图书业内的影响力和感召力，一定会带着当当网迈向一个新的台阶。

上任伊始，王宏经和吴维月不负众望，带来了一系列的促销策划，使当当网短时间内人气暴涨，业绩攀升。业内人士看得就更远了，他们根据王宏经加盟当当网的事实分析出传统书店和网上书店之间已经开始了新一轮的资源整合，甚至有人大胆猜测这种优势互补将会是未来网上书店的发展趋势之一。

然而结果真是如此吗？为什么半年之后，这两人也离开了当当网？是李国庆和俞渝太难伺候，还是实体书店的高管跟不上网络书店的发展步伐？

俞渝发现两位新高管并不符合自己的要求，毕竟国企出来的人有着大量的国有资源，容易给人一种能够驾驭千军万马的错觉。但是民企没有那么优越的先天条件，更看重个人的能力和能带领企业做出多大业绩的良性发展。

2006 年 10 月，当当网又发生了一系列的人事变动，副总裁高翔带着主管音像和物流的两位高管去了摇篮网，高翔任摇篮网的 CEO。伴随着高翔等人的离职，当当自己也主动淘汰了几个不太合适的中高层管理人员，同时迎来了戴修宪、陈腾华、裴彦鹏、蒋泾等新高管的加盟。

到了 2010 年末当当上市前后，2006 年进来的这批高管又陆续离开，寻找新的未上市的东家，奉献自己的价值。

可以这么说，李国庆和俞渝自当当网成立的那一天起就在不断重复一个动作——辞旧迎新——物色本阶段最适合当当的高级管理人才。合适的就请进来，不合适的就无情淘汰。他们的宗旨只有一个，一切为了当当网更好的明天。也许正是这种不断换血的方式才使得当当的高管团队始终保持警惕和清醒，绝不会浪费自己在职的每一天，每一刻，不会草率地作出任何一个不利于当当发展的错误决定。

虽然当当在不断地辞旧迎新，但是，老板和员工之间依旧很有温情。走进当当的销售部门，最惹眼的就是一个十分破旧的大沙发，来往的人都忍不住要多看它几眼，而且每看一眼都会有同样的想法："太影响公司的形象了！"为了顾全公司的面子，大家建议李国庆把这个沙发扔到旧家具收购站去，可是李国庆拒绝了大家的好意。理由很简单，而且还很温馨。因为公司里有一个胖哥们，腰围是一般人的 2～3 倍，特别喜欢午休，他对这个沙发"情有独钟"，不为别的，只是这个沙发刚好与他的身材很"般配"。为了让这位胖哥们能够在中午舒服地睡上十几分钟，李国庆干脆不要公司的这点小面子，一直留着这个破旧的沙发。

李国庆不但对这位胖哥们进行特殊照顾，对其他的员工也非常关心。在公司搬家或者调整工位的时候，他会根据员工的具体情况进行特别的安排，有些员工一工作就喜欢抽烟，不抽烟脑子就会停止转动，李国庆知道后赶紧把他们"放"在通风较好的地方，不但照顾到了他们的需求，还不会影响其他员工的呼吸健康，一举两得。另外，公司里有一部分员工视力不太好，对办公室光线的要求比较高，一想到他们在暗室里受罪的样子，李国庆就于心不忍，所以特意给他们安排了一个光线明亮的地方。李国庆就是这样体贴员工的，让员工们总是不知不觉地享受老板的"特殊待遇"。

李国庆是个心直口快的人，和员工交流的时候免不了会"口无遮拦"。在创业初期，他向员工交代工作时，最后往往会问："你听明白了吗？"虽然当时员工们没有表示不满，但李国庆看出了他们脸上不爽的表情。后来他反复思索了自己的说话方式，在和员工交流的时候也谨慎了许多，害怕自己的"口无遮拦"会伤到员工的自尊心。曾经的"你听明白了吗"也变成了现在的"我表达清楚了吗"，虽然只是小小的改变，但是员工们听了却很受用，经常微笑着点点头或者摇摇头，这种感觉比以前要温馨了许多。

听说李嘉诚和何鸿燊两位大富豪都是十分念旧的人，他们不喜欢看到自己的员工退休，所以不论员工年龄几何，只要干得动，愿意上班，就会一直提供工作的机会。

这种"仁慈"同样也是企业留住人才得以长久发展的一种手段，与当当网的优胜劣汰截然不同，很难分出孰优孰劣，也无所谓谁对谁错。商场之中，只有适合自己的，才是最好的。

2. 李国庆的"野心"

> 　　过去十年当当网在图书领域已经积累了足够的品牌势能，可以说，在网上图书零售领域，大型的战役已基本完结，今天我们就是拿着望远镜也已经找不到对手。现在即便把图书挪到四层以上，也一点不会影响销量，所以我们决定把1~3层的货架腾出来，留给百货。
>
> 　　——李国庆曾如此高调表述当当做百货的优势

　　在中国几乎所有的大中城市，都能看到沃尔玛的身影，其"大而全"的仓储式卖场以及"帮顾客节省每一分钱"的宗旨也早已深入人心。这家来自美国阿肯色州的超大型零售集团是世界性的连锁企业，单纯按照营业额计算的话，沃尔玛集团当属全球最大的公司。

　　很多人都知道当当网创办之初，美国的电商霸主亚马逊是它的模仿对象。而贝索斯领导的亚马逊走的就是"大而全"的超市路子。而这条路也是李国庆坚持要走的。既然美国那个叫山姆·沃尔顿的人能够在零售行业中独树一帜，我们当当怎么就不能成为中国的"网上沃尔玛"超市，将"一站式购物"进行到底呢？在当当网由单一图书销售向百货销售转型的途中，做"中国沃尔玛"的念头越来越强烈。

　　当当的转型并非一蹴而就，之前李国庆用了长达6年的时间来作准备。早在 2004 年，当当网就悄悄地向百货类扩张了，但是在当当图书耀眼的光环下，这一动作并没有引起很多人的注意。直到 2010 年 4 月，网民们才惊喜地发现当当网上线了一款新的页面。新版的首页凸显了百货类 B2C 网站的特点，让敏感的人意识到这是当当从网上书店迈向网上百货超市的关键性一步。从新版的网站首页中，我们已经看不出曾经当当图书的领导地位，它已经成为与美妆、母婴、家居、数码产品、鞋服箱包等同一级别的百货类目之一。

俞渝对于企业转型的想法来源于她的亲身感受。俞渝曾在美国生活了 11 年之久，切身体会过"中国制造"的威力，知道中国能够生产出你所能想到的一切消费品，但是很多的好商品却只用于出口，国内消费者根本享受不到。正是这一点启发了俞渝，她才不断地充实百货，宣布当当要做"为顾客节省每分钱"的"网上沃尔玛"。

2010 年 9 月份，当有记者走进俞渝的办公室的时候，发现在她办公桌对面靠墙摆放的小货架上已经摆满了各类的剃须刀、香水、化妆品和玩具等等。东西不少，但是陈列得很讲究，给人一种杂而不乱的感觉。俞渝告诉他在这个小货架上展出的商品绝大部分会在几天之后出现在当当网的页面之上。

有业内人士分析当当网走百货扩张之路是为上市作准备，当时不管是"口风不严"的李国庆还是措辞谨慎的俞渝都没有做出正面回应。他们只是说转型是为了让公司尽快实现赢利，是为了让消费者有更好的消费体验云云。李国庆也一再强调当当网并不缺钱，2006 年融资而来的 2700 万美元还没花完呢，当当的"余粮"一直很充足，根本没有必要为了融资而上市。如果非要给上市找一个理由的话，那就当作给老股东们一个套现的机会吧。

我们站在 2013 年"忆当年"，当然知道当当网的确是在 2010 年年底赴美上市的，但也不好确定当当纯粹是为了上市，为了一份光鲜的财务报表而发力百货业。客观地说，做"网上沃尔玛"应该是当当网转型的必然选择，不管有没有上市这一步，转型都是必需的。

还是在 2009 年，当当网单是图书方面的销售额就已经达到了 30 亿元，占据中国整个图书市场的 15%。这个数字比全国排名第一、第二的浙江、江苏两地的新华书店还要多。所以说当当的图书销售已经做得很好了，提升的空间已经很小了。当当网想要更好的发展，想要保住中国最大的 B2C 网站的位置，加速转型，加速"网上沃尔玛"的进程刻不容缓。有了这一指导思想，才能保证当当网始终走在电商的前列，立于不败之地。

当当网走的是电子商务的模式，这一点毋庸置疑。但是当我们仔细拆解"电子商务"这四个字的时候会发现"电子"只是一种手段，"商务"才是最终的目的。所以，对于当当网或者其他购物类网站来说，时刻提醒自己是一名商人比自我感觉是"IT 精英"要明智得多。

2011 年 7 月份，一位来自上海的 80 后时尚妈妈菁菁成为当当网的一名"买手"，负责婴童用品的体验消费和采购。当当网为了全面、真实地掌握不同年龄段，不同层次的消费者的不同需求，特意启用了"买手制"的采购模式。当当网需要的买手标准只有一个，那就是眼光独到，能够帮助消费者用"买假货的价格买到当当网的正品"。这个条件看起来简单，实施起来并不太容易。它需要"买手"们对鞋、服、箱包、婴童、美妆等细分市场非常了解，对货品质量、价格、特性、品牌以及流行趋势等都极为精通才行。

其实，在 2010 年"三八妇女节"的时候，俞渝就曾说过邀请自己的闺蜜女友们、女性高管们做当当美妆用品的买手顾问团，很多人没有在意，以为俞渝是在开玩笑。"三八节"当天，在北京世贸天街的时尚廊，俞渝同很多女性高管们共进晚餐。这些女强人分别来自百货业和图书业，共同点是都有不错的事业、不菲的身价，对美容、保养、奢侈品等也比较有研究。席间，俞渝就盛情邀请爱美的成功女性们做自己的买手顾问团成员，以帮助当当美妆更好地发展。至于俞渝聘请闺蜜团做当当美妆买手顾问的理由是，美妆是一件很复杂的事情，可以细分到很多品类和品牌，非常考验买手团队的功力。而年龄不同、阅历不同的女士对美妆产品的需求明显不同，所以哪怕当当的化妆品已经是大牌云集，也仍然需要一支更加专业的买手团队。

俞渝透露当当网会优先在上海、广州这样的时尚之都大力组建买手团队，为当当网的自营做采购。

任何一个新的举措都会有人支持有人反对。当当网的"买手制"推行之后，很多业内人士都表达了不同程度的"关心"。连卡佛中国的一名高管就对当当网的"买手制"提出了质疑，因为在他们眼中，中国的"买手"是一个稀缺的人群，内地还没有真正成熟的孕育买手的土壤。

有着 160 年悠久历史的连卡佛一直以来都是香港当之无愧的"时尚教母"。香港老一辈的家长教育子女的时候都会说"乖仔，好好用功，长大了可以去连卡佛消费"。能够成为香港乃至亚洲人心中最高端的消费商场，连卡佛一贯坚持的"买手制"功不可没。这里的"买手"不是普通意义上的高级采购员，连卡佛的新任掌门人、已故船王包玉刚的外孙女吴宗恩对买手的要求近乎苛刻。首先公司会甄选出具有买手素质的员工，然后把他们放到销售一线做导购进行考察。当这些肩负特殊使命的导购员能够在销售一线坚持 3～5 年甚至 10 年之久后，其中熟悉顾客消费习惯、了解连卡佛代理的 600 多种品牌产品信息、对潮流趋势的预测精准的人才有可能晋升为连卡佛的专业买手。

每次采购前，连卡佛公司的买手都会和他们遍布亚洲各大城市各门店的部门主管沟通，比如"这一季什么品牌的服装销量最好？"或者"下季的流行会是什么？"以及"消费者有怎样更加具体的需求？"等问题。所以，带着这些问题上路的买手们给消费者带回来的是更多风格化的商品和更具竞争力和参考性的价格。

基于这个认识，从连卡佛公司出来的人很难想象当当网何以一出手就雇用上百人的买手团队。在他们眼中买手是相当珍贵的人才资源，数量上要求多了，质量上难免会参差不齐。

这也是连卡佛多虑了。当当只是网上百货商店，走的是大众化的路子，追求的是如沃尔玛一般"天天低价"的目标，只要买手带回来的资源保证是真品、行货就可以了，没有必要像连卡佛一样为一小撮追求高消费的小众服务。

除此之外，2010年的当当网对于自己成为"网上沃尔玛"最大的信心不足来源于其并不擅长的3C家电产品。这一点是当当的短板，是李国庆的心病。当时还没有辞职的CFO杨嘉宏就多次表示"3C我们不敢进入"。这个"不敢进入"的原因并非是当当网胆小，而是他们顾虑太多。3C的利润低是一方面，上下游都有企业"巨无霸"横亘在眼前也是不容忽略的事实。李国庆当时就对记者说："国美、苏宁，一个年销售800亿元，一个年销售1000亿元，你进去已经不好做了，几年都看不到赚钱的机会。"

话虽这样说，李国庆私下里并没有完全放弃向3C家电产品进军的努力。俞渝就曾趁着到南京出差的机会，"顺便"拜访了苏宁集团的副总裁、主要负责苏宁易购的凌国胜总经理。双方就联合采购、供应链资源、前台运营、物流中心、仓储共享等多方面的深入合作密谈了数小时。凌国胜在俞渝走后就对媒体表示"苏宁易购向家电以外领域扩张的同时，将不排除与现有电子商务企业的合作甚至是并购。苏宁易购正在与当当网进行这方面的交流，他们希望做强电子产品销售，我们要做强图书百货，我们正在寻找可以合作的空间。"

富有戏剧性的转折是两年以后，当当和苏宁易购没有擦出火花，反倒同国美搭上了线。在 2012 年 3 月，"国美响当当"成为当月互联网界、电商界最大的新闻。当当网首页出现了国美商城的专属频道，国美网上商城也宣布全面进驻当当网。至于是"强强联合"还是"失意阵线联盟"就是仁者见仁的事情了。不过从 2010 年 8 月中旬爆发的大规模价格战来看，国美和当当并不吃亏，反倒是主动挑起价格战的京东商城在大肆宣传之后，却又因为大量缺货而被众多网友痛骂"坑爹"。

从 1999～2012 年，13 年的时间用一句歌词来询问当当网的话，就是"走了这么久，你变了没有"？答案是不光当当网，连同李国庆和俞渝都变了。当当网从一味模仿亚马逊的小学生变成了"网上的巨型沃尔玛超市"；而李国庆和俞渝从年轻的创业者变成了上市公司的掌控者，成为无数新的创业者心中的偶像。

3. 与顾客共进晚宴

> 光卖食品、家居等百货只是超市业态，而一旦要卖服装、鞋、美妆、母婴等日用百货品类，就必须引店入店，吸纳众多的品牌商和垂直电商入驻开店，从超市变成超级购物中心，而不只是电商自己采买。
>
> ——李国庆谈当当的"引进来，走出去"战略

2008 年之前，熟悉"巴菲特"这个名字的人大都是资深股民。可是当 2008 年的《福布斯》排行榜公布出巴菲特的个人财富超过比尔·盖茨之后，这位已经 78 岁高龄的老先生霎时间光芒四射，引发了众多非股民的关注。知道了"股神"的名字之后，紧接着就有更多的中国人知晓了一个新鲜概念，叫做"与巴菲特共进午餐"。

其实"与巴菲特共进午餐"的机会自 2000 年起每年拍卖一次。从 2004 年开始，参与这一竞拍过程的有钱人越来越疯狂了。这个时候，吃什么、在哪儿吃、花多少钱吃都已经退到可以忽略不计的地位，与谁一起吃才是大家关注的焦点。

这里我们并不是要谈论与巴菲特共进午餐的价值几何，而是要告诉大家在中国也有人把与自己共享晚宴的机会当成了一个重大的奖项，这个人就是李国庆。不过与李国庆共享晚宴的人不需要付出

263 万美元的天价，甚至来回的路费和住宿费都由当当网来报销。能够与李国庆共进晚餐只需要两个条件就足够了：第一，必须是当当网的顾客；第二，足够幸运。

原来李国庆为了"近距离倾听顾客声音，进一步完善平台服务和优化顾客体验"，特意提出了邀请当当网顾客与自己共进晚餐的想法。要说没有参考巴菲特的午餐创意那是不可能的，但是李国庆不缺"自知之明"，他知道自己在微博上自称"成功人士"都会引起围观，对于与自己共进晚餐的事情肯定会有大批的好事者进行口诛笔伐。所以他只是把这件事放在当当网的顾客群内部进行，免得无端牵扯出一堆事端。

当当网上市之后，李国庆曾经高调宣布当当今后的努力方向就放在提升服务上。经过两年时间的考验，当当网的服务究竟提升了没有，提升了多少，还是顾客最有发言权。

微博上出现了两个关于当当快递员的小故事，或许可以证明一些问题。

故事一：当当网于 2010 年 8 月，在全国 800 多个城市同时推出了上门退款服务，即只要顾客在当当网上提出了退货申请，快递员就会在送货的时候带上现金，顺便处理一些自己的服务区范围内上门退款收货的业务。有一位快递员在带着货款上门服务的途中遭遇了小偷，4000 元的货款不翼而飞。放到一般人身上，这次服务就暂时中止一下，自己先回到公司打报告、重新申请才是。可是这位快递员极有担当，马上去银行从自己的账户上取了 4000 元出来，以最快的速度送到了等待退货的客户手中。这笔钱相当于这位快递员两个月的工资呢，但是从他毫不犹豫的作为当中，我们看到了当当员工的优秀素质。

当这件事在网上曝光之后，有人担心快递员揣着大量现金穿梭在城市的大街小巷很不安全，更担心当当网会因此取消上门退款的服务。但是当当网很给力，表示这项服务还会继续推行下去。

故事二：一位顾客从当当网上买了一本书，他所在的区域正好属于当当网当日达的送货范围。可是当时天降暴雨，顾客就以为当日达肯定没戏了，自己这一单生意又不大，人家快递员没有必要顶风冒雨赶来的。出乎他意料的是还真有快递员骑着自行车将他网购的图书及时送了过来。这位顾客很感动，表示要给快递员一些小费。可是这位快递员微笑着婉拒之后，又转身走进了暴雨之中。

这两个小故事都不是当当网官方披露的，只是热心的网友自己发到网上的小片段而已。从这两件小事上不难看出，当当网说提升服务质量还真不是一句空话。

现在我们进入当当网的首页，会发现页面设计真正做到了条目清晰，分类合理，无论从视觉效果还是从使用效果来看都是非常让人愉悦的。无论是左侧"全部商品分类"还是右侧的"服务公告栏"，无论是上方滚动播出的"最新促销活动"和"今日闪价"还是下方分门别类的"疯狂团购"、"新品上架"，当当网的体贴周到、为顾客着想随处可见。

李国庆发现，用户买百货的频次显然比买图书要高，所以回头客很重要，售中售后服务是顾客体验很重要的一部分，体验好了，顾客才会再来。基于这一方面的考虑，同时也为了帮助顾客实现更舒心的体验式消费，当当网在供应链管理、平台前端应用、个性化服务等诸多方面都做了很多改进。

俞渝曾经回答凤凰科技的采访时，透露当当网在未来几年的产品策略上依旧简单清晰，那就是继续围绕当当顾客的需求，不断地扩充、调整和推出产品线。以前人们都觉得当当只是单纯的图书网站，后来知道当当的尿片和奶粉也很不错，再后来顾客们逐渐习惯在当当上浏览美妆和服装、家居用品，最近半年则在购买大小家电等3C产品的时候，也把当当网作为首选网站。这些消费习惯的逐渐改变应该和当当网不断地提升服务、拓展产品线有关。

2012年，当当出台了一项"引进来，走出去"的战略——国美商城的全面入驻，引进东森购物、奥特莱斯、乐蜂网、乐淘网，让酒仙网独家运营当当网的酒类频道，承接QQ网购的图书业务，百丽旗下优购网的引进，以及自己走出去入驻QQ网购的图书频道和母婴频道，这半年的忙碌让人们再次感慨李国庆还真不是"省油的灯"。

李国庆说引入垂直品类是当当网新的"战略方向"，能够给当当网的规模扩张带来动力，但是外界发出了不同的声音。有人质疑当当如此频繁的"引进"、"走出"源自其2012年一季度难看的财务报表。亿邦动力网的总编辑贾鹏雷就指出："当当网近日的扩张速度较快，这给运营带来很大风险。"

面对质疑，李国庆以一句"摆摊不怕扎堆"的俚语作为回应。他认为目前开放的平台并非当当网的核心品类，所以选择代运营不会影响自己的核心竞争力，也不会削弱自己的实力。李国庆最精明的做法在于不管邀请多少垂直网店进入当当网，事前都会谨慎选择。低端小品牌不在当当的考虑合作范围之内，所以不必担心当当网会失去掌控。

2012年是当当网的"客户服务改善年"，李国庆为了让口号不至于流于口号，特意大幅削减了当当网的广告宣传投入，投入了数亿的资金来缩减客户下单之后等待商品的时间，让客户深切感受到了"当日达"、"次日达"以及"隔日达"的便利。

李国庆将广东省作为物流实验的重点区域，在广州、深圳、珠海等城市还开通了夜间送货服务，即当天下午下单的客户有望在当天晚上十点之前见到自己心仪的货品。当然，夜间服务是以不打扰消费者的正常作息为前提的，否则就得不偿失了。李国庆的理想是在广东省可以实现全省次日达无盲点并支持夜间配送。如果试点成功的话，不排除布局全国的可能。

4. 响当当的慈善行动

> 如果当当赚够了 100 亿美元，那么他从此退出，转行做公益事业，并和一群出色的公益事业者共同努力，为社会的进步贡献一份力量。
>
> ——李国庆谈到慈善时说

李国庆曾经在微博上说，如果当当赚够了 100 亿美元，那么他从此退出，转行做公益事业，并和一群出色的公益事业者共同努力，为社会的进步贡献一份力量。有人问，为什么一定要赚够 100 亿美元呢，100 亿元人民币也不耽误你做公益事业啊？为此李国庆明确地说，因为他"不会化缘"，如果没有赚到足够的钱，他拿什么来做公益。不论你有多么善良、多么大公无私，手里没钱总是力不从心。

所以，赚够了钱才能毫无顾忌地做公益、把公益做好。这个想法很美好，但李国庆什么时候才能梦想成真呢？虽说 100 亿美元是将来的事，李国庆洗手做公益也是将来的事，但李国庆如今也不失为一位有爱心的企业家，做慈善是经常的事情，"当当网每年捐助公益也要在 500 万元以上"。

李国庆曾经表示，他很热衷教育事业，并且也为教育事业做了不少善事。自 2004 年以来，李国庆就开始赞助中国残疾人福利基金会组织的"集善嘉年华"，这是一个赞助特殊教育事业的公益项目，主要是为了帮助患有孤独症的儿童能够恢复正常。在李国庆等人的帮助下，中国残疾人福利基金会共筹集了 1000 多万元人民币，建立了三所特殊教育学校，培养了一批专业的特殊教育教师，给孤独症儿童创造了良好的学习环境，更有利于他们健康成长。除此之外，中国残疾人福利基金会还资助了 3000 多名盲童和聋哑儿童，为这些孩子购买了相应的书籍和文具，鼓励他们战胜命运，创造奇迹。

太阳村也被称作儿童村，是一个民间自发兴起的慈善组织，旨在照顾一些服刑人员的未成年子女，对这些子女进行心理辅导和特殊教育，让他们能够像正常家庭中的孩子一样得到呵护，快乐地成长。2010 年，当当携手"HR 俱乐部"，在太阳村举办了一次"与爱同行，快乐你我"的公益活动，当当员工在李国庆的号召和带领下纷纷捐款捐物，书籍、文具、衣服、食物一样都不少，让太阳村的孩子们感受到了人间的温情，体会到生活的美好，也让他们对自己的未来产生了希望。

西藏阿里地区比较贫困，孩子们的教育是个很大的问题，除了教科书之外，他们基本上看不到其他的课外书，为了给他们一点帮助，当当和 36 家少儿图书出版机构共同捐赠了十多万册少儿图书。休假的时候，他和家人一同前往西藏阿里，除了去欣赏"神山圣湖"的风光外，他还有一项特殊任务，那就是检查这十多万册图书的落实情况。阿里的地域面积非常大，能抵得上 3 个江苏省，而阿里地区的每个中小学都有一个图书室，由于交通不便，他并没有走访所有的学校，只检查了几所中小学的情况，这还是得到了阿里政府和军区的帮助，否则会更困难。

由此可以看出，李国庆不但拥有文艺青年的范儿，还满怀人道主义精神。李国庆的文艺范儿不只表现在看小说、读诗歌、唱情歌这些个人爱好方面，他还向中国作家维权联盟捐赠了 100 万元。

2007 年，重庆遭遇暴风雨的袭击，洪水漫延，冲毁了许多房屋和庄稼，给当地居民带来重大的损失。洪水退后，灾区的重建工作又是一大难题，为了帮助受灾的同胞，当当联合总裁俞渝提出，每卖出一本书，当当就向灾区捐助一元钱，这个活动一直持续了一个月，参与活动的读者也有很多。当当组织的这次救灾义卖不但帮助了受灾的同胞能够更快地重建家园，也让千万的读者体会到了献爱心的快乐。

2008年，这是一个特殊的年份，短短半年内，我们经历了汶川的地震和北京的奥运，一个大悲，一个大喜，这无疑是老天爷对中国人的意志和抵抗力的严峻考验。直到现在，只要一提起"5·12"，很多人依然会产生一阵锥心的疼痛，就在一天的时间里，我们失去了很多亲人。地震发生后，13亿中国人非常悲痛，但是，我们没有被灾难吓倒，许多人纷纷前往震区帮助受困的灾民，社会各界也踊跃地伸出援手，当当同样积极地投入到这次援助行动中。

汶川受难的消息刚刚传出，当当就率先捐赠了10万元现金，几天后又捐赠了25万元，而且这样的物质援助一直没有停止。李国庆表示，每卖出一本书，当当都会拿出一部分利润作为捐款，虽然不是很多，却是每一个当当人共同的心意，所有的当当人都在祝愿灾区的人们能够早日走出困境，重新开始生活。

除了现金外，当当还向灾区捐赠了价值50万元的少儿图书。地震结束后，很多孩子失去了父母，变成孤儿。为了帮助孩子们尽快地忘记地震带来的恐惧，当当捐赠出很多关于灾区儿童心理救助的图书。不但如此，当当还联合其他出版社陆续向灾区捐赠图书、教科书，以用于灾区学校的重建。俞渝还亲自前往灾区，奔赴德阳、彭州等地，和志愿者们共同给当地的儿童发放图书、文具等物。李国庆说在民族陷入危难的时刻，每一个中国人都有责任伸出双手来帮助自己的同胞，这是当当应该做的，也是所有中国人应该做的。

第十二章

率真的家世界

在成年人的世界里，每一个人都拥有不止一个身份。周旋在不同的场合中，一个成熟的人会根据气氛、环境的变换而扮演不同的角色。按常理说，像李国庆这样的上市公司 CEO 就更加需要多副面具来完美展示自己的每一面。可是我们看到的李国庆似乎没有成为公众人物的觉悟，他直肠子、暴脾气、敢爱敢恨，成为最另类的明星企业家。而他的家庭，也因他率真的个性，充满了浪漫、温馨、舒适的气氛。

1. 有钱我也不得瑟

> 从做科文剑桥时起，李国庆一直没有买车，用
> 的是租来的奥迪车，一租就是十年。
>
> ——当当老员工谈到李国庆的节俭时说

你见过创业经验超过 25 年的人中，谁从来不沾股票，从来不买房产的？除此之外，这个人还在北京租房住，让朋友看了都不顺眼，偏偏他还是个亿万富翁。如此个性十足、矛盾十足的结合体，只有在李国庆身上才能得到完美体现。当然了，李国庆在 2008 年已经买了大房子，终于不租房了，他要是再这样"穷酸"下去，估计投资人都要发疯了，说不定风投公司的人还会疑心李国庆的公司是不是经营不下去了，他怎么过的这么"节俭"呢？

李国庆不是个浪费钱的人，哪怕公司已经上市了，他好像也从来没想过用挣来的钱好好改善一下私人生活。别看他在跟竞争对手打价格战的时候那么豪爽，一出手就是几千万元，眼睛都不眨一下，实际生活中的李国庆却是一个欲求非常简单的人。

出差坐飞机从来都选经济舱、上班的时候和老婆共用一辆车，这些都是李国庆物质生活极为简单的例子，同时也是朋友们拿他们夫妻开涮的经典段子。

李国庆曾经和"名门痞女"洪晃一同出席一个访谈类节目。洪晃是俞渝的老朋友，所以李国庆和洪晃也算是熟人。节目中两个人

就聊到了坐飞机是坐商务舱还是经济舱的问题。洪晃非常肯定地选择商务舱，理由是"舒服"，在她这个不差钱的女老板看来，哪怕只有一个小时的飞行时间，也一定不能委屈自己的身体，只要身心愉悦，花再多钱都是"值得"的。

李国庆刚好相反，别说是在国内开会了，即使飞到国外，他都是雷打不动的经济舱。在李国庆的思维中，既然同样的飞行时间，那么怎么省钱怎么来。虽然他完全有能力坐舒适的商务舱，仍因为"不值"而与商务舱说"拜拜"。

可就凭这件事把李国庆定义为吝啬的"守财奴"好像又不太合适，因为洪晃马上就爆料李国庆一家其实也有很奢侈的行为。一般人选择奢侈品的时候，都会选择世界名牌，炫出来就能让人眼前一亮。李国庆他们一家不一样，所有的休闲套装、袜子都是美国进口的、原装的、正版的服饰，自己穿起来可能挺舒服，但是很多人都不认识他们身上的名牌，等于是"锦衣夜行"了。可李国庆要的不是别人向自己行注目礼，而是发自内心的一种生活格调。

不过认识俞渝之前，李国庆还真的曾经为了面子一掷千金过。那是他第一次去美国的时候，接到一位朋友的请柬，请他去参加一个比较正式的聚会。当时李国庆去美国的主要目的是考察科文图书的发展前景，身上就带了 2000 美元。接到请柬的那一刻，李国庆的第一反应是马上买一身名牌西装，不能丢面子。结果当他从信封里甩出 2000 美元现金的时候，让导购员非常惊愕，因为当时在美国购物不刷信用卡而用大面额现金的事情确实不多见。就这样，好面子的李国庆为了参加聚会，把全部家当都花在行头上了。幸运的是，在这次聚会上李国庆遇到了他的第一个投资人，两个人聊得热火朝天，最后对方给他的公司投了 100 万美元。这件事倒是可以证明即使没有俞渝的到来，老李也是有能力拉到外国资本的。

在李国庆的大学同学眼中，无论在创办当当网之前，还是之后，李国庆并没有发生多大的变化，他一直就是一个非常有野心、非常执著、非常认死理的人。所以当他们听说李国庆"就要打价格战、就要野蛮增长、就要疯狂增长"这些消息的时候，一点都不意外。因为这就是李国庆最真实的想法，是他的本性，他不服输、不认输，所有的心思都放到眼前的事业上。

关于李国庆一家三口共用一辆车的故事也颇有意思。据说当当网上市之后，李国庆本来打算买一辆 SUV 都市越野车来着，但是这个想法刚提出来就被俞渝给否决了。俞渝的理由很简单——"生活要低碳"，就这一句话，打消了李国庆买车的念头，老老实实挤地铁去了。

这一点和刘强东倒是很相似。虽然李国庆和刘强东在生意上是竞争对手，但是不能否认两个人的共同点还是挺多的。刘强东除了去沙漠玩的时候开自己的那辆悍马之外，平时都是步行上下班，与李国庆的挤地铁一样都是"低碳环保生活"的典范。

关于租房子的事情也不是传闻，而是百分之百的事实。从 1996 年结婚到 2008 年，12 年的时间里，一对并不缺钱的夫妻一直过着租客生涯。当他们终于买了房子的时候，竟然像刚刚荣升为"房奴"的小白领一样满足，庆幸自己在房价大涨之前"成功抄底"，买到了称心如意的房子。

华谊兄弟的王中军在小汤山有大别墅，有跑马场，还有 60 匹骏马供朋友们享受纵马驰骋的快乐。李国庆并不羡慕王中军，觉得自己的小窝能收拾整齐就相当不错了。远大空调的老总张悦哪怕买了六架私人飞机，李国庆也不羡慕，他努力实现和老婆一人一辆汽车的梦想，就已经乐得合不拢嘴了。

人要学会满足，尤其是生活上知足才能常乐。至于事业上，知足者能够守成，不知足者善于开拓，各有各的好处。这就是李国庆的财富观带给我们的一些小小的启发。

在"李国庆大战大摩女"的事情之后，他说话有意无意间都会为自己辩白，自嘲不是像"大摩女"说的那样是"吃软饭"的。他更愿意提自己的"当年勇"，提自己在创办当当网之前的辉煌历程。我们只能推测李国庆是想用这样一种方式来转移人们的视线，将大家的眼光从俞渝身上收过来，收到自己的事情上来。

2. 有钱人爱冒险

> 他从来不会把大把的时间用在体育运动上，无论是贵族式的休闲运动还是平民式的体育锻炼，他都不热衷。钓鱼吧，他嫌消磨时间；越野吧，他觉得太过刺激；打篮球太费体力，打高尔夫又太烧钱……
>
> ——李国庆的体育运动观

有钱人想要休闲放松的话，总是能找到更多的途径。香港早期的富豪们喜欢赌马，喜欢玩高尔夫，"富二代"们玩私人飞机、玩豪华游艇也并不鲜见。内地的富豪们起步比较晚，尤其是互联网界的新贵们大都是"知本家"，是白手起家靠风投公司的风险资金或者IPO之后的股权大涨挣到钱的人。他们的消费水平距离普通人还不太遥远，主要还是集中在自驾游、滑雪等较为"平民化"的休闲方式。

别人一说出国旅游，第一目的地往往是欧美诸国。李国庆一家不一样，他们喜欢和朋友们成群结队地出游，去非洲、去希腊、去土耳其。李国庆的理由是趁着身强力壮的时候去一些条件不太好但很有趣的地方，将来跑不动了倒是可以去交通便利的成熟旅游区。

京东商城的员工都知道老板喜欢开着悍马去沙漠，当当网的员工们却不大清楚李国庆和俞渝曾经带着孩子跟着朋友们一起穿越罗布泊。如果在二三十年前，提到"罗布泊"这三个字，人们的脑子里马上就会浮现出"死亡之海"这个名词。确实，罗布泊曾经是死亡和危险的代名词。不过随着"驴友们"充分发扬了"悍不畏死"的旅行精神之后，敢于挑战死亡之旅的人越来越多了。

对于这些资深的玩家来说，旅游是很小儿科的事情，只有旅行才有深刻的内涵和意义。这次同李国庆全家一起出行的人都是圈内的朋友或者俞渝的闺蜜，一共四个家庭加上 12 个负责后勤保障的同伴，这一行人也算得上颇具规模了。李国庆回忆当时那么多辆越野车在沙漠中呼啸而过，还是很过瘾的。俞渝的回忆就比较感性了，她记得最清楚的是整整八天在沙漠中没有洗澡洗脸，这种折磨她一辈子都不会忘记。

那次穿越罗布泊，李国庆他们的装备不可谓不精良，看到列出的物品清单，你就会感慨这群人真是既有钱又够专业。除了九辆大吉普、帐篷、车载冰箱等旅行必备物品之外，他们还准备了发电机和海事卫星电话，另外还有多达 12 人的后勤支持队伍。不过看到同行者名单中出现的名字，相信你就不会用一种"羡慕和嫉妒"的眼光看待这一群富人了。他们有中国投资公司的总经理高西庆、第一车网的创始人马晓威、金典集团的董事长张宝全和妻子王秋杨，此外还有各家的孩子们。

写到这里，我们不妨稍稍停顿，简单介绍一下俞渝的闺蜜王秋杨。

这位女士可是中国探险家中"巾帼不让须眉"的典型，是一个与王石有一拼的国家级登山爱好者。王秋杨曾经到达过南极点、北极点和珠穆朗玛峰，同时还是首位完成"7+2"探险活动的中国女性。王秋杨信佛，曾经在俞渝为当当网 IPO 患得患失的时候提醒她，"这么大一个项目，怎么可能不麻烦呢？工作不是拿来高兴的，得承受这一切。"听了王秋杨的劝解之后，俞渝才释然，不再为这些无法改变的细碎琐事发愁。

穿越罗布泊并不是经常性的，但是每次休息的时候全家开车外出度假倒是肯定的。2011年的端午节，李国庆一家人开心地出去度假了，不过他们没有飞往屈原的故乡去看场面壮观的赛龙舟，而是飞往了陕西去领略革命圣地的风采。他们去了延安、韩城、壶口瀑布和湿地，这一路他们见识到了黄土高原沟沟壑壑之间的奇妙，也感受到了黄河倾泻而来的汹涌气势。

李国庆一家三口喜欢在夏天一起去游泳，冬天一起去滑雪，听起来其乐融融。可事实却是让人大跌眼镜，三个人玩的时候都是各顾各的，谁都不理谁。这种奇妙的组合也挺有意思的。

李国庆很爱家，爱长辈、爱老婆，更爱自己的宝贝儿子，工作再忙都要抽点时间来陪陪他。李国庆就像个大孩子，经常和儿子一起出去玩儿，打球、游泳是经常的事，而且最让无数小男孩羡慕的是，他还经常带着儿子去欧洲滑雪，一起欣赏阿尔卑斯山的雄姿，体验滑雪的刺激。可让人不可思议的是，即使经常去欧洲的滑雪场，李国庆的滑雪技术却依旧不怎么样。

李国庆是个名副其实的书生，一身书卷气，和大多数文科生一样，基本上没有什么运动天赋。当当的员工都知道，他从来不会把大把的时间用在体育运动上，无论是贵族式的休闲运动还是平民式的体育锻炼，他都不热衷。钓鱼吧，他嫌消磨时间；越野吧，他觉得太过刺激；打篮球太费体力，打高尔夫又太烧钱，虽然他不缺钱花。

李国庆虽然没有什么运动细胞，但是他却经常做一些有运动细胞的人做的事。一次，他带着老婆孩子去爬山，刚开始还挺兴奋的，可是爬到半山腰突然觉得无趣了，除了两腿有点酸软外，根本体会不到什么乐趣。于是，他就开始给自己找乐子。正好，这个风景区有山又有水，还有随时待命的放排汉，李国庆赶紧冲下山去，招呼结实的放排汉把竹排靠过岸来，这竹排行动不太灵敏，李国庆在岸上等得直跺脚，后来，他实在等不及了，在竹排离岸还有半米的时候就一个健步蹦上去了，刚好踏在竹排的边缘上，险些滑进水里，还好放排汉技术娴熟，及时调整了竹排的重心，要不然，李国庆就可能变成"落汤鸡"了。儿子从山上下来，刚好看见爸爸这精彩的一跳，兴奋地叫道："我爸爸会飞啊！"俞渝却吓得脸色都变了，真受不了这个"不懂事"的李国庆。

　　还有一次，下属约他一起打保龄球放松放松。一个大老板，肯定会经常参加类似的娱乐活动，本来大家以为他玩得很好，谁知他竟连打球的姿势都不太标准，有两次差点把球扔出了球道，下属们都觉得很滑稽，李国庆却毫无羞愧之色，好像他从来就是这么打保龄球的，早就习惯了。由于技术不太好，他很少能够"一击全倒"，只要第一球能够打倒过半数的瓶柱他就兴奋得手舞足蹈，下属们都被他这种快乐劲儿感染了，大家嘻嘻哈哈的，抛开了工作上的紧张和烦躁，这本来也是大家提议打保龄的初衷，只不过李国庆用不同的方式帮他们达到了目的。

3. "俞"挫愈勇的辣妹子

> 当时的心情简直跌到深渊，脑袋都木了，什么
> 也想不起来，满脑子想的都是肿瘤，心里觉得难受
> 极了。
>
> ——俞渝回忆一次体检结果时说

2002 年，被严寒笼罩的互联网前景一片迷茫，可当当网此时正在跨越这场寒冬，逐步迈向一个新起点，李国庆、俞渝夫妻俩对当当网充满了信心，斗志昂扬地准备迎来新的机遇。可在这个节骨眼上，俞渝却领略到了人生的无常。10 月份的一次体检结果显示，俞渝的肾脏有一小块可疑物，医生说不排除是肿瘤的可能性。这个消息对俞渝来说简直是当头一棒，有种末日来临的感觉。"当时的心情简直跌到深渊，脑袋都木了，什么也想不起来，满脑子想的都是肿瘤，心里觉得难受极了。"俞渝回忆说。

虽然检查结果还未正式出来，肿瘤是良性还是恶性的也无法得知，但俞渝一看到检查报告心里立刻敲起了警钟。虽然结果还不明确，如果是良性肿瘤的话，动个手术就能解决，可俞渝还是禁不住往最坏的结果想。别人不知道，可俞渝自己心里明白，他们家族有这种遗传病史。俞渝小时候得过肾炎，并且她妹妹也患有肾病，当时正准备做换肾的手术。有妹妹的例子在先，俞渝不敢慢待，她急切地想知道自己身体里长的"可疑物"到底是良性还是恶性的，可再怎么着急也得耐心等待结果。

俞渝拿着化验单，一路跌跌撞撞地回家。到家后她什么也没做，任由情绪肆意奔走，难过得不行的时候就开始哭，一番号啕大哭让俞渝心中的沮丧消退了不少，情绪渐渐恢复了理智，冷静下来的她开始思考很多即将面对的问题。要是自己出了意外，孩子怎么办？还有丈夫、还有当当……俞渝最舍不得的是当时才5岁的孩子，她不敢再往后想。

而当当网此时正在低迷的互联网行业中奋力向前，如果俞渝有什么三长两短，当当网就会失去一只有力的臂膀，影响前进的速度。为此，俞渝甚至开始寻找合适的人选来接替她的工作，还想到了她必须要完成的事情。她说："情况不明了的时候，一切都会往最坏的方向考虑，我也不例外。公司的大部分资料和文件都在国外，以前这些事情都是我亲自处理，为了以防万一，我把重要的资料都备了份，交给了律师。"

接着，俞渝像往常一样继续上班，生活。她不想被未知的困难打倒，在医生提出需要住院检查的时候，她委婉地拒绝了。如果情况真的坏到极点，那也要过最正常、最平淡的日子，而不是住在医院病房里。俞渝说："频繁在公司和医院之间来回跑，做各种各样的检查，每个礼拜都在医院呆个两三天。虽然尽量让自己做到淡定，可还是禁不住紧张和担心，常常丢三落四，除了做那些常规检查，居然还第一次去看了心理医生。"

"在那段'非常'时期，我拒绝了很多会议和演讲的邀请，觉得自己特脆弱，也没有心思回答各种让人头疼的问题，我只想让自己放松，想好好地保护自己，拒绝压力的侵袭，跟当当网没有关系的活动都不参加。"俞渝回忆说。

两个月后，2002年12月，最终结果出来了，俞渝拿到化验单的那一刻总算松了一口气，是良性肿瘤！不过，这还不到彻底放松的时候，因为家族遗传病史让她不敢掉以轻心，担心检查结果不准确。为了彻底打消心里的疑虑，俞渝收拾行李前往美国又做了一次检查。当再次拿到"良性肿瘤"的诊断结果时，俞渝才放下持续了两个月的担忧，踏实地喘了口气，觉得生活又恢复了美好的一面。

这场有惊无险的意外让俞渝开始思考一些以前从没想过的问题，让俞渝体验到了生活的另一种可能，对生活也有了一些新的认识。俞渝深有感触地说："创业的人都很有奋斗精神，也很容易忘我，这里的'忘我'不是指无私，而是忘记照顾自己，对自己的健康不以为意，心里只想着事业。以前总觉得一点小毛病不用去医院，其实在体检之前身体就已经在提醒我了，时常觉得不舒服，总能感到疼痛。也不是没有时间去医院，而是不把自己的健康当回事，一心想着当当。"

俞渝说："应该多关心自己的身体，健康是最重要的，生活的重心应该放在孩子和家人身上。"现在的俞渝比以前更懂得享受生活，工作之余会抽出更多的时间来跟家人相处，也让自己学会放松。

这次的事情俞渝没有公开，除了丈夫之外没有其他人知道。她是一个把工作和生活分得很清的人，工作上的不良情绪不带到家里，同样，家庭琐事带来的烦恼也不会带到工作上。"比如你在家里因为鸡毛蒜皮的事情发生了不愉快，这是你自己的事情，公司的员工没有义务承担你的情绪垃圾，也不能因为心情不好就把不满发泄在工作上。"俞渝这样说。

不过俞渝总觉得这件事情自己仍然没处理好，"遇到麻烦首先想到的是自己能行就先扛着，没必要让家人跟着担心，不愿意让家人分担自己的烦恼，其实这样会很累。在这件事上国庆做得很好，当我把体检结果给他看了之后，他没有表现得很冲动，而是很平静、很稳重地安稳我。这样就很好，他在精神上给了我很大的鼓励和安慰。"李国庆的理解和支持，让俞渝觉得很开心，她也很知足，遇到困难有家人陪着一起面对，不离不弃的感觉就是幸福。

4. "姑奶奶俱乐部"

> 我很倡导让每个人自己的生活尤其作为女性管理者的生活变得很简单，很容易管理，也很容易生活。我也很倡导，我们每天都很轻装，很轻松迎接一个新的开始，做每天更大、更辉煌的事业。
>
> ——俞渝在谈到作为女企业家的幸福时这样说

当当网的员工们私下都更害怕俞渝。他们说李国庆平时咋咋呼呼，很好说话，有时还会和员工开个玩笑。但是俞渝就不一样了，她公私分明，一板一眼，没有人敢挑衅俞渝在当当的权威。

有了这个印象之后，我们通常会不自觉地将"风风火火"、"咄咄逼人"、"强势"、"干练"等褒贬不一的词语加诸在俞渝的身上。可是当你近距离接触俞渝的时候，你会发现这个中年女子有着一种被时间沉淀过的静美之态。她是重庆人，但她不是辣妹子。俞渝说话时慢条斯理，一点咄咄逼人的气势都不存在。她是知性的、优雅的，无论谈什么事情都是面带微笑娓娓道来。

在当当早期的创业团队中，每个人都是身怀绝技，而且能力互补，大家齐心合力打天下，下属和老板之间基本上是平等的，有什么说什么，李国庆夫妇也从来不摆老板的架子。和李国庆的嘻哈相比，俞渝显得要威严一些，但是她非常随和，当时下属总是称呼她为俞总，她笑道："别叫我俞总了，还是直接叫我的名字吧，这样听起来亲切一些。"和这样的老板共事，下属们自然觉得轻松了许多。

曾经有人让俞渝挑一款名车来比喻自己。很多女人会觉得自己是法拉利、是玛莎拉蒂等顶级跑车，也有一些比较个性的女人会选择悍马、牧马人等狂野大气的越野车来诠释自己。可是我们想破脑袋也想不到，优雅的俞渝会选择"推土机"来作为自己的标签。她觉得自己是一个很朴实的很有力量的角色，她需要推动很多事物前进，包括自己、家人、事业等等。媒体对俞渝的评价也是"一个谈笑间就把大事办了的人"。

别看俞渝在外是个女强人，可她在内却是个相夫教子的好手，对长辈悉心照顾、对丈夫温柔体贴、对儿子疼爱有加，让大忙人李国庆省了不少心。俞渝非常清楚，无论是爱情、婚姻还是家庭，都需要自己用心去经营，美好的一切都要智慧和付出去争取的，如果大家都只顾着闷头工作，那么家庭就会缺少温暖，家人之间也会因为没有太多爱的交流而变得陌生。所以，女强人们无论在外面有多风光、多强势，回到家后都应该脱掉华丽的外衣，露出自己温柔的本性，给家人多一点温暖和爱。

有人说俞渝就像"一本令人难以释手的书，越读越精彩"，无论是内心还是外表，俞渝都越来越美。俗话说"没有丑女人，只有懒女人"，只要肯认真研究、精心打扮，每个女人都可以很美，就像自然堂的广告语"你本来就很美"，打扮后就更美。俞渝不是一个不修边幅的女强人，她很在意自己的仪容，虽不讲究穿什么国际名牌，却大方得体，而且很有品位。俞渝大部分时间都贡献给了工作，忙里偷闲的时候就会和"姑奶奶俱乐部"的三两个成员去做美容，享受美容师的按摩之余再和闺蜜们聊聊事业和家庭，生活有滋有味。

有人说中国女人有三大爱：爱白、爱瘦、爱老公。这三点俞渝身上都有。爱白是说，女人都希望自己的皮肤细腻白净，俞渝就是这样。她总是强调，人每天至少要洗两次脸，否则皮肤就会显得暗淡、没有光泽，但是她太忙了，也太累了，经常还来不及洗脸就睡着了。不过好在底子好，她的皮肤到现在依旧很细腻。

瘦身是中国女人一生的事业，无论是单身的、恋爱的还是结了婚的，大多数女人都在忙着减肥。闺蜜们小别重逢后总会说"哟，你瘦了不少啊"，或者说"你怎么变胖了"，然后就开始讨论减肥的问题。所以我们街道两侧的电线杆子上、公交站牌上总是贴着各门派减肥茶的广告。俞渝虽然没有这么夸张，但是她也十分注意保持自己匀称的身材。

俞渝好吃烧白，就是我们俗称的扣肉，肥得流油，吃起来还不费牙。可是，想要身材苗条的美女们可不能随便吃，否则好不容易绝食半个月减下来的五斤就反弹回来了。俞渝也非常害怕烧白的威力，即使爱吃也不敢多吃，偶尔尝尝解解馋罢了。俞渝不但注意自己的身材，也十分关心李国庆的身材，她可不希望自己的老公像有些大老板一样挺着大肚子、吃着降压药，因此不许他多吃脂肪含量高的食物。她的精心照顾很有成效，如今将近 50 岁的李国庆依然挺拔。

俞渝爱白、爱瘦、爱老公，也爱时尚。但俞渝的时尚并不奢侈。她很欣赏巴黎的女人，她们总是把自己打扮得很美、很大方，"即使是饭店的一位普通服务员，也会给自己搭配或个性、或风情、或温馨的围巾"。在俞渝的心中，时尚就是生活，就是享受。追求时尚的人有很多，但是，有人追求的时尚只是一件衣服，而有人追求的时尚却是一种心境。俞渝属于后者。她连花钱买一套自己不太满意的房子都觉得冤，何况是买一些自己根本不看重的昂贵的服装呢。她最擅长做的就是花很少的钱买最适合自己的衣服，让自己看起来更自然、更顺眼。俞渝说想时尚就要"傍大款"，跟着时尚达人走才会更有品位。就像我们常说的"近朱者赤，近墨者黑"，近时尚者就会跟着时尚起来。

我们都听过这样一句话，"想要了解一个人的层次，一看他的朋友二看他的对手。"这句说得很明白，"物以类聚，人以群分"，看看一个人的朋友圈都是什么层次，什么素质，那么对这个人的认识也就八九不离十了。

俞渝的闺蜜队伍人数不少，每个人单独拎出来都是有故事甚至可以写成一本书的奇女子。有人戏称俞渝和她的闺蜜圈子为"姑奶奶俱乐部"，这个说法听起来搞笑，实际上还真是贴切无比。

一起来看看和俞渝聊到一起的"姑奶奶"们都有谁。

洪晃，俞渝很早就认识的朋友之一，甚至比认识李国庆还要早。当初给俞渝和李国庆当红娘的黄静洁不是办过一本时尚杂志吗，那本杂志后来就被洪晃接手了。"近朱者赤，近墨者黑"，经常和洪晃这样走在时尚前沿的大姐大混在一起，俞渝想不时尚都难。当当上市之后宴请媒体和投资者的庆功宴上，俞渝那身漂亮的深红色的连衣裙就是洪晃公司代理的"薄荷糯米葱"品牌服装。当当举办这次晚宴的主持人也是洪晃，可见两个人关系匪浅。洪晃曾经大胆地爆料"俞渝就是一个没有自我的女人"，对于这一点俞渝反倒点头赞同。她说自己这辈子从来就没有想过去创业，但是李国庆选择了这条路，那么自己只有付出最大的努力来帮助老公取得成功。世俗的男人们听到俞渝这句话，不知道会生发出几许感慨。毕竟像俞渝这样在商场上能与男人一决高下，回家之后能把老公儿子哄得高高兴兴的聪明女人实在是太少了。

李国庆一家人对朋友开的店很捧场，一次，俞渝想去三里屯逛逛，临出门的时候，儿子嘱咐她说："去'BNC 薄荷糯米葱'买点好玩儿的。"俞渝笑道："没问题。"后来，她买回一个价值 197 元的

IPad 套，儿子很喜欢。

"BNC 薄荷糯米葱"是俞渝的闺蜜洪晃投资的一家中国原创设计概念店，BNC 是"薄荷糯米葱"的英文"BRAND NEW CHINA"缩写，公司 LOGO 是由一株薄荷、一株糯米和一根葱组成的，很有创意也十分有趣。自从 BNC 走红之后，这三种原本没有什么人气的草本植物也变得颇有艺术气质了。如今已经有 100 多位设计师和 BNC 签约，店内还陈列着 70 多位设计师的作品，风格迥异，十分吸人眼球，路过的人总会忍不住进去看一看。

刘索拉，也是俞渝的闺中密友。艺术青年、文学青年们对索拉姐姐肯定都不陌生，这位先锋派的美女作家、音乐家在圈内的感召力非同小可。

宁瀛，导演过《末代皇帝》和《无穷动》的影视圈大腕。

查建英，享誉美国和香港的女作家。

李亦非，同俞渝一样的女企业家，《财富》杂志的封面人物，目前还是全球最大的广告与传播公司之一阳狮集团的大中华区主席。

张兰，俏江南的创始人，汪小菲的妈妈兼台湾艺人徐熙媛的婆婆。

张欣，SOHO 中国的联合创始人，潘石屹的贤内助兼最佳拍档。

这些闺蜜们除了张欣和俞渝同岁之外，其他几位都是大姐。这么多强势、精明的女人聚到一起，谈论的不再是爱情和男人，而是如何独立自主、如何过上更加精致的生活。

这些单个拎出来都超有人气的女人们会不定期地聚会，有时候是大集合，更多的时候只是两三个人坐到一起喝喝茶、聊聊天、做做美容等。宁瀛在 2005 年拍摄的电影《无穷动》讲述的是四位成功女性的情感故事，相信每一次闺蜜之间的聚会都给她的电影带来了不少灵感。

2003 年，朋友们在洪晃的大房子里为俞渝举办了一场小范围的生日派对，众位别人眼中的成功女性欢聚一堂。田溯宁提议、张欣起草了一份 450 字的"中国精神宣言"新鲜出炉，号召中国人一起对抗"非典"。

别以为这些大女人们惺惺相惜，互相引为知己，就没有任何矛盾了，事实上她们也会出现意见相左的时候。比如一次俞渝和洪晃一起接受某媒体的采访，主持人问到"中国女性的最终归宿在哪里"这个比较大而宽泛的话题，就引起了两个人的争论。

离过三次婚的洪晃说回归家庭也挺好的，要不然没人带孩子了，这对世界未来来说是一件很可怕的事情。

可是俞渝却不认同，直斥洪晃是"胡说八道"。俞渝认为经济上不独立的女人不可能拥有精神上的独立，所以她不赞同女人的最终归宿是回归家庭。这一点从俞渝的偶像选择上可以看出一些端倪。俞渝最欣赏的女性是肯尼迪·杰奎琳，这位曾经的美国第一夫人，后来的希腊船王妻子以及自力更生的报社编辑。

5. "李大"和"李二"的故事

> 今天 100 米游泳超过 15 岁儿子半个身子!
>
> ——简单的游泳在李国庆眼里也充满了乐趣

都说男孩子和妈妈比较亲,但是在李国庆家里,俞渝总是用略带"吃醋"的口气说那爷俩儿一个鼻孔出气,还戏谑地称呼老公和儿子为"李大"和"李二"。

回到家里,李国庆和俞渝都不再是上市公司的老板,不是掌握数千员工命运的 CEO,他们就是单纯的夫妇,15 岁男孩的父母。李国庆的儿子古古出生于 1998 年,而当当网创办于 1999 年,所以在李国庆和俞渝眼中,儿子是和当当网共同成长起来的。

古古小时候,李国庆和俞渝由于工作忙,经常要到全国各地联系业务、开会等,但是两口子几乎没有同时出差过。因为他们必须确保儿子身边要有一个亲人,保姆照顾得再好也不能代替父爱、母爱。很多时候,留下来陪伴孩子的那一方也许会在家里忙着"遥控"公司的工作,部署战略目标,并没有每时每刻都守在儿子身边。但是让孩子知道只要他需要的时候,家长会在第一时间出现,这就是孩子安全感的来源。

李国庆是 34 岁才当爸爸的,夸张点说就是"中年得子",所以对儿子是十分宠溺的。别看他那么忙,但是每周他都至少抽出三天来陪儿子吃晚饭,每周末至少要抽出一天来陪儿子逛街、看电影、做游戏等等。至于冬天滑雪、夏天游泳、假日旅行，更是少不了带上儿子出去长长见识。

"李大"和"李二"感情很好，从"李二"还是婴儿的时候两个人就一起"秉烛夜读"。小古古一个月大的时候精力就特别旺盛，晚上怎么哄都不睡，无奈之下李国庆只能一直陪着他。当时他正在自学 MBA 课程，儿子不哭闹的时候他就看书，他看书的时候儿子也没闲着，睁着一双炯炯有神的眼睛看着他，偶尔"哦""啊"两声，这是在告诉李国庆，"别想忽视我"。

三句话不离儿子，是天下妈妈们的特权，作为父亲一般是不把儿子放在嘴边的，但是他们会把儿子放在心里。古古是在美国纽约出生的，当了爹的李国庆第一件事就是跑到纽约的中国领事馆给孩子报户口。李国庆当时知道俞渝是美国国籍，孩子应该随妈妈办理美国户籍。可他还是抱着一丝侥幸，希望能给孩子的户籍上印上"中国"两个字。可是没能如愿，不过李国庆不灰心，他希望孩子长到 18 岁的时候可以自己选择国籍。

大概因为父母都是商人，儿子 3 岁的时候就已经熟谙生意场上的饭局了。一次吃饭，儿子举起手中盛满果汁的杯子说："爸爸，干杯！"李国庆被儿子可爱的举动逗乐了，也举起酒杯说："干！"然后你一口我一口的，喝得还很尽兴。碰上去酒店的时候，儿子也会要一下"大老板"的牌，把酒杯往桌子上一碰，说："爸爸，我干了，你随意。"李国庆夫妇听了哭笑不得，感叹小孩子超强的模仿能力。

李国庆管理公司时有条不紊，但在家里就显得有些拖拉了，有时还容易把儿子教坏，为此俞渝非常头疼。

一天，一家人出门回来，李国庆把鞋随便往前一踢，皮鞋高高地飞起，在离地面 20 厘米的"高空"划了一道漂亮的弧线后安全着陆，然后他换上拖鞋懒洋洋地坐到沙发上，儿子觉得爸爸这个动作很帅气，也学着他的样子把鞋踢出去，虽然鞋飞起的高度不能和"李大"比，但是两只小鞋也在"高空"中小小地表演了一番。儿子高兴地拍着手，为自己的杰作喝彩，可是在一旁冷眼看着的俞渝却不乐意了，她严肃地说："古古，把鞋捡回来放进鞋柜里。"儿子嘟着嘴说："刚才爸爸就是这么做的，我在向他学习。"李国庆一听，赶紧替儿子辩解，"没事，反正也丢不了，别那么讲究。"俞渝又反过来教训李国庆："都是你教的，还敢纵容他！以后养成乱扔东西的坏习惯就不好改了。"说完还刻意强调了一下，"就像你一样。"李国庆听了多少有点惭愧，赶紧闭上嘴巴，乖乖地把踢出去的鞋捡回来放进鞋柜里，然后笑着对儿子说："儿子，跟着爸爸学点好的，别让你妈妈总是数落咱俩。"儿子果然听话地配合了他，也把鞋放好。

　　弗洛伊德说了，父亲是儿子的教育者、保护者和理想的化身，父亲很多行为习惯和思想意识都容易"传染"给儿子，如果父亲不注意自己的言行，那么儿子也就跟着学坏了。这也是我们常说的"有其父必有其子"。

　　李国庆是个不喜欢"安分守己"的人，儿子古古也跟着有些"不安分"，只要生活稍微平静一点他们就会觉得不自在。一次，两个人在家闷得实在是受不了了，李国庆就撺掇着儿子说："走，咱们找点刺激的玩儿。"儿子听了满眼放光，问："玩儿什么？"李国庆故弄玄虚地说："跟着我混就是了，肯定错不了。"于是乎，李国庆就带着儿子拿着水枪冲到公寓楼下的车库里，还找来几个保安加盟他们的游戏，其实就是模仿特种兵野地作战。那几个保安十分无奈，整个过程都在被游戏，不过这也算是生活中的一段小插曲，重新体验一次童年的快乐也不错。

　　一次，李国庆和儿子出去游泳，刚开始两个人就是随便游游，过一会儿儿子觉得无趣了，就笑着说："爸，咱们比赛吧。"李国庆一听，正合我意，高兴地答道："好啊！多长的距离？"儿子想了想，道："就 100 米吧，我怕你体力不支。"李国庆听了不免感动，儿子真是体贴啊，特意提醒我，我已经老了。两个人站在起点，儿子喊："预备——开始！"只听"扑通"一声，父子二人一头扎进水里，都甩开胳膊用力往前冲，儿子一心想赢他，他也毫不退让，最后，他终于以超过儿子半个身子的长度赢得了这场比赛。虽然累得气喘吁吁，他却仍然骄傲地说："怎么样，我还没老吧？"面对他的"天真可爱"，儿子只能一笑而过。

俞渝的好友戴军经常调侃说："李国庆就像是她的大儿子，古古是小儿子，没一个让她省心的。"

有一次，李国庆和儿子不知为什么非要在家里搞个烛光晚会，两个人弄来一大堆蜡烛，摆得满客厅都是，俞渝急得直劝他们爷俩："别胡闹，危险！"可是儿子却说："妈，你难道不觉得这样很浪漫吗？"李国庆也笑着说："多好玩儿啊，你陪我们一起点蜡烛吧！"俞渝摇了摇头，实在是懒得再管他们，自己休息去了。李国庆和儿子乐得自在，围着蜡烛又唱又跳的，鼓捣了好一阵子。过一会儿，客厅安静下来了，俞渝以为他们"疯"够了，这会儿正乖乖地收拾客厅呢，可是到客厅一看，爷俩早就没影儿了，留下一地的蜡油。俞渝没办法，只好和保姆一起收拾这个惨不忍睹的客厅。

和许多"富二代"相比，李国庆的儿子还是很幸运的，他没有被父母逼着"头悬梁、锥刺股"，夜夜苦读圣贤书。对待教育，李国庆夫妇有自己的看法。在北大开放的校风里成长起来的李国庆本来就是个不守陈规的人，而夫人俞渝在美国打拼多年，受到过美国素质教育的熏陶，因此夫妻二人对孩子的成绩不是太较真儿。

李国庆几乎不限制孩子看电视，有时间还会陪儿子一起看江苏卫视的《非诚勿扰》。这件事让俞渝非常不满，批评李国庆哪有老爸陪着正上初中的儿子一起看相亲类节目的。可是爷俩很团结，每次都看得特起劲，还一起对女嘉宾品头论足的，假装没听到俞渝的反对。

李国庆蛮喜欢看娱乐节目，还当过《非你莫属》的评委，而且一直觉得自己给节目组作出很多贡献。第一次去《非你莫属》的时候他没有管住自己的"大嘴"，一位气质优雅的女求职者上台时，他张嘴就说"以你的姿色，现在至少应该拿到三张 offer"，后来干脆感慨道"美女干得好不如嫁得好"，此话一出就引起了其他 CEO 的反对，在场的女 CEO 们更是群起而攻之。不过，这倒是个很吸人耳朵的观点，他说得的确有些直接，尽管很多人也都是这样想的，只是不敢这么说。

平时俞渝说话的时候，每一句都是很谨慎的，不像李国庆那张"大嘴"想说什么就说什么。但是每次说到儿子，俞渝的眼光不自觉地就温柔起来，话也多了起来。可能是在美国生活了 10 年的缘故，俞渝不像普通的中国妈妈一样要求孩子必须怎么怎么样，更多的时候，她是把孩子当作大人，当作朋友来相处的。孩子稍微大点的时候，俞渝会和孩子谈论一些公司的事情，甚至 2010 年公司准备上市的时候，俞渝还征询过儿子的意见。

当时俞渝正在为选择投行的事情发愁，自己在家里转来转去。儿子就问她，"妈妈，您发什么愁呢？不如说出来，我帮您出出主意？"

俞渝就说自己不知道公司上市该选择和哪家银行合作。当时有五家银行都在备选之列，各有各的优势，实在不好选择。儿子看了五家银行的名字之后，说："妈妈，我看这几家银行都不怎么样，因为哪一家我都没有存过钱。不如这样吧，您点兵点将，点着谁就是谁?"这句话把俞渝雷得差点当场石化。

李国庆一家和新浪网董事长汪延一家私交不错,两家人经常见面。李国庆儿子一次从汪延家做客回来,语重心长地对爸爸说:"你们的公司做得没有汪延叔叔成功啊。"

李国庆忙问儿子何以如此感慨。

儿子回答,"我听说当当只有 600 名员工,可是我今天问汪延叔叔了,他们新浪有 2000 人呢。"在儿子的心目中有一个很朴素的认识,谁手底下的员工多谁就更加成功。

当当上市之后,儿子问妈妈:"咱们家是不是变成富人了?"

俞渝就告诉儿子,我们会保证让你接受最好的教育,但是我们的财产跟你没有任何关系,当当网也跟你没有任何关系。儿子听了,不以为然地说:"我知道了,你们是怕我变成'富二代'吧。当当网现在和我没有什么关系,但是这不妨碍我长大了之后收购当当网吧。"人小鬼大,应该是形容古古最恰当的词语。

说到作为男人的爱好,李国庆倒是和一般人别无二致。他抽烟,但是烟瘾不大;喝酒,但是酒量不行;喜欢去酒吧,不是为了杯中之物,据称是为了坐到慢摇吧近距离地欣赏成群的美女。除此之外,李国庆还有一个世人皆知的爱好,那就是写微博。

6. "李大"那点好玩的事儿

> 李国庆就是一个性情中人，比较"二"的一个人。
>
> ——俞渝对丈夫李国庆的评价

李国庆很迷被誉为"中国摇滚之父"的崔健，大学时就是听着他的《浪子归》《一无所有》过来的，崔健的很多励志歌曲也给"北大狂人"李国庆带来了深远的影响，无论是大学时代还是后来的创业时代，李国庆都透着一股子摇滚劲儿。

李国庆不但迷崔健，还哈"情歌王子"张信哲。不过李国庆也不是所谓的忠实粉丝，其实谁的歌他都听一点，丰富生活嘛，只听一个人的歌免不了会单调。他的手机铃声也经常换，老歌新歌都有，这就是北大的校风，兼容并包嘛。

李国庆除了"爱卖书、爱卖衣服，也爱卖化妆品"外，还爱诗人兼校友的海子的浪漫诗。细说起来李国庆和海子的缘分还不浅，他们是同一年出生的，而且还在同一所高校学习，在校时李国庆经常拜读他的诗。怀着这样崇拜的感情，不知当年的他听到海子毅然离开人世这个消息时有多么悲痛。2012年3月26日是海子的忌日，他已经逝世23周年了，李国庆在微博上感慨道："怀念海子，他的诗作影响一代又一代人！"

李国庆高兴的时候喜欢喝点酒，一次订单大涨，他高兴得有点得意忘形了，一个人就喝了将近两瓶的红酒，等到酒瓶快要见底的时候，他突然意识到，不好，喝高了。回到家后胃里一阵翻腾，可是面对老婆，他不敢吐，也不敢说难受，因为俞渝不喜欢他喝这么多酒。他忍了一晚上，连觉都没有睡好。第二天到公司，他的酒劲儿还没过去，胃里又是一阵翻江倒海的，于是他冲进了洗漱间，尽情地吐了起来。一位员工看见后，过来拍了拍他的背，同情地说："李总，您这是喝了多少酒啊！"他伸出两根手指，员工看了点了点头，说："哦，那您还是歇着吧！"那天中午他本来还有一个饭局，看来去不成了，只能麻烦俞渝代劳，有个联合总裁就是好。

李国庆在饮食上不太讲究，工作的时候，员工吃什么他就吃什么，也属于外卖一族。而且他比员工们还要随意，从来不会挑选自己喜欢吃的饭菜，只要有的吃、吃得饱就百事可乐，然后马上投入到工作当中。李国庆工作时也喜欢抽点烟，不过他不是非要抽什么限量版的"黄鹤楼"，也不会盲目追求"万宝路"，有什么就抽什么，还经常从员工那里蹭烟，平民味儿十足。有时从办公室出来，看见几个员工站在窗户边抽烟，他就会走过去跟他们蹭上一根，然后再扯几句闲篇。

李国庆是个纯北方人，豪爽、大大咧咧，而且还喜欢吃大蒜和葱。不过俞渝这个重庆妹子不喜欢吃，也不喜欢让他吃，这个原因大家都懂的，无论是葱还是蒜，味道都比较重。有一次，俞渝要出差，李国庆盼星星盼月亮的，终于盼到了老婆出差的那一天，不为别的，只想痛快地吃一次大蒜和葱。他边吃边想，"真香啊，为啥南方人不喜欢吃呢？"吃着吃着他突然想起来，当天晚上还有三场活动，尤其是为时尚杂志《芭莎男士》年度人物颁奖，这可是个星腕云集的场合，万一一张口就是一股大蒜味可就出丑了，于是他赶紧去漱口，希望能去掉嘴里的"香味"。

李国庆是个思维非常活跃的人，幽默风趣的本事不是一般人能敌的，不过，他偶尔也会遇到一些糗事。一次，李国庆要出去办事，急急忙忙地到停车场开车，车行驶到出口的时候，管理员伸手向他要停车费，他一摸口袋，糟了，钱包没带！这下可把他急坏了，后面还有好几辆车等着出去呢！他和管理员好说歹说，可是管理员就是不买他的账。这时一个美女开车过来，伸出一只漂亮的手递给管理员几十元，潇洒地说："我替他付了。"管理员收下钱，对李国庆说："你可以走了。"一个大老板，出门连几十元钱都没有带，真是有点不好意思！其实这也不算什么，最不好意思的是还让一个女人替自己付钱。美女刚要开车走，李国庆忙说："请问您的芳名是什么，怎么联系啊？"这位美女不认识咱们当当的老总，以为他故意借此套近乎，于是调侃道："钱都付了，你就不要再惦记人了。"说完就踩一脚油门跑了。李国庆愣了两秒钟，哭笑不得，心想"我只是想还你钱呢！"

别看李国庆性格很狂，胆子却很小。一次，家里出现一只小虫子，正从他的脚下经过，李国庆一惊，二话没说，一个苍蝇拍下去就把它拍死了。刚刚缓过神儿来，俞渝却让他把死掉的虫子用纸包起来扔进马桶冲掉。李国庆一听就愣了，这可是一只虫子啊！他很怕虫子的。可是自己偏偏又是个七尺男儿，怎么能在女人面前丢人呢，没办法，他只能说服自己拿出勇气来，蹑手蹑脚地用纸包起这具小小的尸体，快速飞奔到厕所里，一下子扔进马桶，然后用水冲走。在他看来，这次经历和历险相差不多。

李国庆家里还养了一只猫，他说这是布袋猫，可是有人却说那是山东狮子猫，反正这只猫的饮食特别健康，天天都吃蔬菜和水果，把阳台上种的葡萄都吃了。有一次，李国庆看见这只体型可以与加菲猫相提并论的"布袋猫"正在吃西红柿，心想"哎，什么时候阳台上种西红柿了？"仔细一想，哦，原来这家伙是从隔壁家的阳台上偷来的。

大老板也有"可怜"的时候，一次出差回家，本来就已经饥肠辘辘了，可是保姆那天刚好休假，老婆、儿子也都不在家，他打开冰箱，连剩菜剩饭都没有。他的肚子叽里咕噜地叫唤着，他们家的肥猫"大熊"也喵喵地"哭"着，他抱起"大熊"说："你也断粮了吧？"后来他翻出来一些进口的鱼罐头和苏打饼干，就和"大熊"分着吃了，"主仆二人"是多么亲密啊。

是夫妻就免不了争吵，关键要看争吵后双方采取什么方式来冰释相互之间的矛盾。这一点李国庆就做得很聪明，应该算是万千男子的楷模。

创业之初，俞渝和李国庆在工作上闹过几次矛盾，但基本上都是一些小事，要不了几分钟两个人就和好了，只有一次闹得比较大。当时李国庆一直在思考怎样转变公司的经营模式，俞渝希望公司能够采用美国"大而全"的发展模式，而李国庆认为这种模式并不适合当时公司的发展状况，两个人你一句我一句的，谁也不让着谁，吵得很凶，秘书在外面听着也揪起心来，两个老板还从来没有这么闹过。吵着吵着，俞渝猛地拉开李国庆办公室的门，一脸怒气地冲了出来，头也不回地走了。李国庆也正在气头上，大声对秘书说："以后别让她随便进我的办公室，还有，另外给我找辆车，我没法和她共处！"秘书听了只好点点头，吓得哑口无言。

俞渝并没有走远，而且李国庆的嗓门那么大，想听不见都难，她此时更是气不打一处来。俗话说，生气是魔鬼，俞渝现在就正被魔鬼缠身，她一想起李国庆那些过分的话就伤心，于是就决定和李国庆打冷战。很多女人和老公吵完架后就喜欢玩失踪，给老公制造孤独感，让他快速认识到自己的错误，然后主动求和，这种方式在短期内也还是比较有效的。俞渝虽然是个海归，但是女人的天性是改不了的，她也采取了这种手段来教训李国庆。那天晚上俞渝没有回家，也没有住在办公室，而是就近找了一家宾馆安身。

其实俞渝刚离开一会儿李国庆就后悔了，他在办公室转悠了半天，到底要不要去道歉呢？现在去？不行，她肯定还在气头上，肯定还会被臭骂一顿，等会儿吧，等她气消了再说。于是他又坐下来继续工作，可是心里一直想着这件事，很难静下心来。

受了委屈的俞渝独自一人在房间里徘徊，满脑子都是李国庆和她争吵的画面，她突然觉得自己很孤独，而孤独的人又容易胡思乱想：我提出建议是为了你好，你却把我全盘否决了，这分明就是在给我颜色看，一点也不在乎我的感受，我从美国回来就是为了这样生活的吗？俞渝越想越难过。可是，再仔细一想，是不是自己太冲动了，不过就是吵一架嘛，不至于离婚吧。两个互相矛盾的想法不断在她的脑海中浮现，搞得她头昏脑涨。于是俞渝就躺下来，打算用睡眠赶走今天发生的不愉快，但是，人在心烦意乱的情况下是很难睡着的，她在床上辗转反侧了好一阵子，却一点睡意都没有。听着窗外黑夜走过的声音，俞渝的心里更是一阵寂寞。平时这个时候李国庆正在和她耍贫嘴，逗她开心呢！他们的家也那么温馨。可是现在，这宾馆的房间是多么单调，周围静得可怕，俞渝终于体会到了李国庆在自己的心中有多重要。

话说李国庆回家后发现老婆不在，心里一阵打鼓，她去哪儿了，秘书说她早就下班了啊。李国庆急了，赶紧出去找。

俞渝在宾馆实在是难熬，她正在考虑要不要回家时，房间的门突然响了。俞渝还纳闷，这么晚了，宾馆的工作人员不至于成心来找骂吧。她气呼呼地打开门，门外站着的不是别人，正是自己思念的人——李国庆。李国庆把一束玫瑰花凑到俞渝的眼前，嬉皮笑脸地说："美女，没有打搅您的美梦吧，能陪我喝杯茶吗？"俞渝一看见他就开心了，不过她不想让李国庆太得意，故意推辞着说："太晚了，不去。"李国庆笑道："不晚，太阳还没有升起来呢！"俞渝"扑哧"一声笑了，挽起他的胳膊走出了宾馆。

在茶馆浪漫了一杯茶的时间后，二人头顶着明月一起回了家。到家后俞渝说："我饿了。"李国庆故作严肃地说："女王陛下稍作休息，李氏方便面马上就做好。"然后李国庆跑到厨房，开始为心爱的老婆大人做爱心晚餐。虽然只是一碗普通的方便面，但里面融入了爱和关心，俞渝吃得很香。她一边吃一边和李国庆说话，刚开始他还"嗯嗯""啊啊"地答应两声，后来就不出声了，俞渝回头一看，原来他已经睡着了。

这就是李国庆，一个有拼劲儿的老总，一个体贴的老公以及一个亲切的父亲。

附录　李国庆夫妇演讲精选

一、垂直电子商务的春天：赢利并高速增长是美好的

　　——2010 年 9 月 16 日 李国庆在第二届北京"派代年会"上的
　　演讲

　　电子商务领域的网络零售，淘宝的第三方数据显示，去年（2009 年）上半年淘宝是 980 亿元，今年（2010 年）上半年是 1100 亿元，增速 10%。如果大家平均增速是 80%，我建议优秀的企业做 160%。这是我自己对自己的要求，我们细分几个领域，一定是市场平均增幅的翻番。

　　我们去年（2009 年）年底在确定今年（2010 年）目标的时候，还提出市场份额。我们这个行业总的看是 90% 的增速，有的行业细分，增速 200%～300% 是可以的。而我们图书的平均增速很低，在过去只有 50%～60%，从 100% 的平均增速逐年递降，但是市场份额更大了，与卓越的市场份额逐年拉大。这是完全不同的。

　　但是，实体零售业如果能够增速 15%，那就是优秀企业。实体零售业经常是增 10%，还是跌 10%？这主要得看考核，靠开新店推动增长是另外的考核方式。

　　赢利是不是能够高增长了？高增长一定是亏损吗？

　　我的答案是相反的，当当的实践可以证明这一点。有的记者说

当当十年终于赢利，这是错的，我在第五年就赢利了，我离了投资人能活，还能高速发展。为什么要赢利？企业的创业家一定要小心，不是人人像李国庆那样能够找来资金，也不是人人能像李国庆那样娶了俞渝。有的投资经过三轮之后缩水了30%，但是我很幸运。花了很多投资人的钱，最后上市之后完全失控，对于我们创业企业家是息息相关的。关于资本人，我把资本人说的很邪恶，资本人就是趁火打劫。我们为什么要拿这么多钱把同一个战壕的创业者打倒、让风险投资商分一杯羹呢？干嘛不和同一战壕里的同行赢利呢？

我们手里的现金流2003年就是正的，图书毛利率在2003年、2004年、2005年是23%，如果你让我把毛利率都亏出去，我能够200%的增长。如果你们想盈利，我就把毛利率的1/4花出去，那就是50%～70%的增长。如果亏损和盈利确实有资金做后盾，那么是可以这样做的。但是我认为不要孤军深入，走太快了，每年都调整，把卓越甩得太靠后，它一关门，就麻烦了——外部竞争压力没有，内部流程不改进。所以，千万不能让它关门，我说："咱们慢一点，等一等它！"不光等一等它，还得有一个年份，我说"给它一点甜头"，总部拿一亿元投入市场，就是为了一个平衡。

既快速发展，又能够赢利，这不是天方夜谭。你做一个细分市场的领先者，当当网是访客、流量遥遥领先，这是当当最值得骄傲的，也是投资人最为看重的。当当做到这一步是因为2003年的时候，已经在中国所有图书零售市场占到15%～20%。做到规模以后，如何在细分领域找到东西？在中国高度分散的市场，当你在一个市场占到4%的时候就很牛了，比如青岛啤酒在中国市场也就是占到2%～3%，当你达到2%～4%的时候，你已经占住脚了。

我们最苦恼的是未来我们不做什么，正在优柔寡断中。在这个关键时刻靠减法，敢不敢下这个决心？独特！独特！！独特！！！这是考验你的商业模式，如果你就是一个厨子，你办的餐馆不用装潢那么好，你就使劲儿把菜做好，使劲儿给员工期权即可。

最后一个问题："小"是美好的吗？还是一定要做出巨大的规模？

我记得十年前别人说："你们做书店真好，一定要冲击规模。"是否"小"是好的？还是一定扩张、扩张、再扩张？这要看自己的资源，不是每个人都能够做出一个企业帝国。这个"小"是美好的，只要你在细分领域。可是 MBA 的理论不是，如果你不扩张，别人就扩张，价格战来了，又来一个"张强东"就把你挤死了，怎么办？我觉得不是这样的。我决定在 2004 年不卖给亚马逊的时候，我的朋友都震惊了。如果不卖给他们，不但企业搞不好，日子都会很难。这就是威胁了，但是我越受到威胁，我就越来劲儿，到现在我们两口子的日子还不错。美国的亚马逊有的是钱，拿钱砸你怎么办？当你遇到"列强"的时候，你就巧取。巧取的唯一办法是更加细分定位，最后细分到就卖给某一个地方。你就想这些豪夺的"列强"的软肋是什么，我们就做什么。按照服务细分，按照档次细分，按照类别细分。

总结我讲的内容，主要有这么几点：

第一，高速发展的定义；

第二，赢利和高速发展是一对关联体，完全能够做到超越平均增速，且赢利；

第三，"小"是好的，巧取的方法很多，形成自己的企业战略。

最后，预祝每一个人都遇到自己的竞争对手，只有竞争才能扩大市场份额，让实体的那些去尴尬吧！

二、入世十周年与品牌未来发展

——2011 年 4 月 18 日 俞渝在 "2011 品牌中国（女性）高峰论坛" 的演讲

刚才叶莺（前美国纳尔科公司全球副总裁）给了我们一个听觉上的盛宴，我觉得任何一个演讲人如果在叶莺的演讲后讲话，几乎是自取其辱的行动。我是八九年前在北京的东方剧院酒店的活动上，第一次见到叶莺，在同一天我还见到了冯仑，还有其他人，那个活动完了之后，我先生就和我说："叶莺不仅语言逻辑缜密，而且她的语言富有感染力"。刚才看她做的 PPT 时，最后几分钟，我心里觉得有一种很柔软的东西触摸我，这是什么呢？其实，这是一种品牌的延伸。

今天，我们这么多人到这里，是想探讨我们的公司、品牌、产品怎么能够延伸到顾客那里，怎么能够打动顾客，如何和顾客建立联系。这也是我们来这里相聚的理由。

我想跟大家分享一下当当网这 11 年来，是如何努力建立网上购物响当当这么一个品牌的。11 年前刚建当当网的时候，我的脑海中丝毫没有 "品牌" 这个概念，当时做的事情非常简单，就是想和团队中的同事们在一起，做一个让大家买书很方便的地方，至于什么是品牌，完完全全的没有想过。也许是因为对于品牌没有认知，反而把所有精力用来做一件事情——把书卖好。我回头看，我知道当当网这个品牌，它的积累，它的元素，它的延伸，也跟我们这些创业家当年走过的路是有很大关系的。

　　不同的公司在它的品牌塑造过程中，要根据公司的战略、特点、产品的不一样，走不同的品牌打造之路。当当走的是一条什么路呢？我现在去看，觉得当当是这样一个公司，它在品牌上几乎没有花过任何钱，我能够想到和品牌有关的投入，就是 2001 年互联网高峰泡沫时期曾经投过大概不到 200 万元的车身广告，那是与品牌有关的。后来当当网十周年店庆时，花费几百万元在门户网站有一个大的广告投放，这是与品牌有关的。除了这两件事情，当当网一直没有做与品牌有关的直接市场方面的投入。当当网走的是一个什么道路呢？因为当当网一开始卖书，根据产品的特点，一定要和其他书店有区别，我们的区别在哪儿？

　　当时我们总结了三条：更低的价格、更多的选择和更为方便。这三条的确让当当网在卖书这件事情上做得非常好。在三四年前，我们开始了当当网拓展的道路，所以今天的当当网，除了图书，还有美妆、化妆品、母婴、童车、婴儿用品、电子类商品等很多门类。在这个拓展的过程中，当当网用来支撑它所有商业行为的元素，就是价格、选品和方便。

　　我觉得当当网的做法是和行业有关系，因为当当网是一个零售店，而零售在整个商业体系的循环当中，是一个毛利很低的行业。有些行业，比如说护肤品、化妆品，它本身毛利可能有 50%、60% 甚至更高，那样的行业是有钱去做品牌的，去做很多市场投入。而零售这个行业，因为毛利很低，可能只有 20% 的毛利。如果当当网进入它正常物流、技术这方面体系的话，留给市场的钱是很少的，而市场当中可以留给品牌塑造的钱又是少之又少。

　　我们当当网既然认清这样一个现实，那我们就想在品牌上能做些什么呢？因为我们觉得像很多公司那样，投一个央视广告，甚至投一个车身广告，哪怕投一个平面媒体广告，当当网的人会觉得有效吗？把商品价格降下来，直接让利给顾客，是不是更有效？我们一直崇尚所有的品牌、市场行为，都围绕一个目的——给顾客提供更好的服务、更多的产品。所以我们经常是在要不要有市场行为还是有价格行为上面做不同的取舍。

品种在图书上非常简单，全中国几千个出版单位，每年 60 多万品种，在当当网必须都要有这些品种。但是同样的道理，用在护肤品上面，就是另外的体现，在品种这个品牌元素上，我们就想，比如隔离霜，欧莱雅有这个品种，小护士也有这个品种，在这些品牌中间，给顾客做产品利益塑造的时候，我们做什么呢？互联网一个很大的好处，是它能够把功能解释的很清楚，在商场、柜台，一个营销小姐解释不了的东西，在网页上可以很好的呈现。在商场里每一个销售，是为一个品牌服务的，它的意见可能是不中立的，所以作为顾客，他问了这个牌子，再要问另外一个牌子时他会不好意思，但是在当当网上，顾客是在自己的家里、办公室中浏览这些商品，这些问题都可以不存在。

在品种选择上，我们在隔离霜这个事情上，该做的就是不同价格区间从低到高，不同的功能，不同的肤质，不同的地域，等等，按照功能给顾客分好，这样顾客心安理得地在自己的家里，就隔离霜这件事情，给自己做出一个更好的选择。我们把同样的道理也推向了其他的产品，推向了电子、移动存储、童书等。

刚才叶莺讲到，行业经常是古老的，但是手法可以是创新的。她还例举了鞋的例子，我正好上个星期跟广州的一个童鞋商进行了交流，其实大家天天都穿鞋子，祖祖辈辈都穿，但是一双鞋子中有多少商机呢？我觉得有无限的商机。过去的一双鞋，依照上一辈的消费理念是不穿烂不换掉。现在的消费理念对此有所改变。我自己的孩子，他会讲"老妈，你说的这双鞋太难看了，我不能穿，穿这个鞋会影响我的人气指数"，他只是个 13 岁的孩子，就开始对品牌有认知了，这样给很多商家和公司提供了非常多的可能性。

我问我的孩子，这么好的意大利皮鞋，这么软的皮质你不穿，你觉得什么样的鞋，是一个初二学生愿意穿的呢？他马上告诉我说，颜色要绚、要亮，这是现在小男孩喜欢穿的鞋子。从一个功能性的产品，变成一个身份、交友等很多功能的产品，这个就是商机，这个就是当当品牌元素中我们每天要去面临的取舍。

所以我觉得做一个品牌，不同的公司可以有不同的道路，在当当网来讲，因为我们的产业链条，因为我们的商业环境，因为我们当时创业之后很短时间网络泡沫就已经"破"了，我们再没有更好的融资渠道等，所有这些原因，让我们这个公司成为一个在产品力上发力，在价格、在功能、在方便、在搜索引擎、在界面友好这些上面发力的公司。

就像"条条大路通罗马"一样，条条大路也可以打造不同的品牌，重要的是，我们每一个公司，每一个创始人，每一个经理人都要去想，我公司的品牌，第一为谁服务？第二要提炼出来的元素主要是什么？我们如何年复一年、日复一日的去把这些元素用不同的产品、不同的方式、不同的交流语言传递给顾客，而且在这个中间，要不断创新，不断的改进？

当当网品牌的另外一个元素就是更为方便。方便在不同的时代有不同的含义。在早期，可能是搜索要很方便，我记得有一段时间，当当网切词技术不是很好，搜"相机"出来几百个结果，搜"照相机"出来三五个结果，这对顾客来说很不方便。但是后来搜索技术大幅度提高，商品切词很准确，现在这是当当很强的地方，但是这个能力在当下已经不稀罕了。现在的方便意味着什么呢？我们看到网络购物人群越来越大，但是他们的口味也被层出不穷的竞争惯得越来越叼，以前两三天拿到产品很高兴，现在隔一天拿到产品顾客就不开心。更为方便，在今天的环境之下，当当需要理解成快、更快、准确。以前顾客拿到塑料袋里面装着当当产品，他觉得很好，因为买东西的时候已经省了很多钱，今天如果再给一个塑料袋，而不是一个像模像样的包装盒，他会觉得这家的包装没有另外一家好。所以品牌作为同样的元素，它在不同的产品线，不同的时间，一定要注入不同的做法和不同的产品去支撑它。

我想跟大家讲的就是，假如像我当年这样一个产品的外行，零售的外行，也是品牌的外行，做了十年，在这十年的实践当中，打造了网上购物响当当这样一个品牌，相信大家都会有很多方法、很多途径，为我们各自的产品、各自的公司，打造出很绚丽、很实用，又可以基业常青的好品牌。

三、幸福还是不幸需要亲身体会

——2011 年 4 月 28 日 俞渝在"第三届中国商界木兰年会"的演讲

很高兴今天《中国企业家》杂志社给我这样一个机会和这么多人来分享一下自己的看法。我觉得身为女性创业者和职业者，我们跟男性有一些共同的困惑需要突破。同时，因为性别的原因，我们也面临着一些不一样的困惑。

与男性管理者或创业者相比，有一些困惑是有共性的。比如说业绩、带团队、招班子、定战略等，做这些事情我们没有任何性别歧视，都是把问题摆在我们面前。

但是，我在想创建当当网这十来年，作为一个女性管理者和创业者，因为性别的原因有一些困惑也是真实存在的，我想跟大家谈谈这些困惑。

我的第一个困惑是，作为女性创业者，世俗对我们的影响。我觉得世俗对女性是有期待的，而这些期望中有些成分实际上对于我们这些管理者和创业者来说是沉重的负担，比方说世俗希望我们保持少女的心态，希望我们是天真无邪的。但是成就事业需要有敏锐的洞察力、需要成熟，这两者完全背道而驰，所以我们要寻找一个突破。

另外，我觉得在商场、在公司，世俗希望我们是淑女，希望我们温良谦让，但是如果要做成一番事业，就一定要敢于冒险，要寸步不让，主动进攻。在当当网上市前后，一个做电子商务的公司对当当网低价政策有一些"挑衅行为"，我当时做出的决定是，面对这样的情况当当网一定要采取报复性的还击。一个管理者做出的报复性还击行为，假如是男性，大家觉得他很勇敢，但如果是女性，很多人就会说这女人是咄咄逼人。

所以，这十年来我已经学会排除世俗对我产生影响的杂音。

第二个困惑是，我为完美付出的代价。我觉得我的价值观和价值趋向决定了我对完美的苛求，这种追求使我不但希望做出成绩，还希望所做出的成绩很有质量。简单说就是销售额要增长，但是这种增长的代价一定要小，对当当团队消耗也会非常小。但是，在速度和成本之间，在我追求这种平衡的时候，相对于互联网，相对于电子商务这个产业，我觉得这种追求完美的倾向给我带来了很大的负担。

经过十年的历练，在这方面我还没取得很大的突破，我还在学习，学习什么时候该追求速度，什么时候该追求质量，不让追求完美成为自己管理的负担。

第三个困惑是，生活在别人的期望中。我曾经非常恐惧批评，无论是来自顾客的批评、来自投资人的批评，还是来自同事的批评。无论是评价还是批评，都会让我犹豫，甚至推翻自己已经做好的决定。现在想一想，作为管理者成熟的标志，就是要了解别人的认可和自己的决定这两者之间是有时间差的。所以，我得学会生活在顾客的期望值中，而不是生活在多种元素构成的他人期望值中。

今天站在这里，面对我曾经有过的困惑，有很多我开不出药方，只能跟大家分享我遇到的事情，我怎么去对待，怎么去思考。我想用幸福指数给大家举个例子。在过去一年里，幸福指数占据了我们的大脑，占据了我们的媒体，吸引了很多注意力。幸福指数刚开始让我也很纠结，我也在想我的幸福指数够高吗？当当网员工的幸福指数高吗？幸福指数又该怎么衡量？想了一阵之后，我决定让幸福指数成为一个跟我完全没关系的东西，这个是我想通的事情。

为什么要这么想呢？因为我觉得谈幸福指数是很难的，如果国家和国家之间谈幸福，大家都知道，用 GDP 说话就可以。公司和公司比幸福，用市场份额和销售额来算就知道。市场份额我们作为 CEO 也会算，也知道尺度是什么。但是幸福这个东西真的像花一样，有人高兴，有人偷着乐，这个东西太主观，不好衡量。

我觉得实际的数字像 GDP、市场份额、销售额就跟鞋子一样，38 号、40 号，或者 42 号量出尺码就知道分量。而幸福指数就像穿鞋子的脚一样，舒不舒服只有脚知道，而每双脚都不一样。我觉得《红楼梦》中贾府里的王夫人位高权重很有分量，但是她的幸福指数肯定不如赵姨娘，这是主观上的事情。对于国家，我希望经济问题用购买力说话，用教育、养老、医疗、住房等说话。

对于当当网来讲，我会用销售额增长、市场占有率、顾客获得货物的速度等等这一系列数字去评价当当网的成就。对于我们女性管理者，我倡导用几组简单数字去衡量幸福，用业绩、工作时间、休息时间衡量，其余的基本上可以排除在外。别人用什么方法衡量幸福，尽可以去用。我倡导每个人的生活，尤其作为女性管理者的生活需要简单——简单管理、简单生活。我也倡导每天轻装上阵，轻松迎接新的开始，做更大、更辉煌的事业。

四、我看未来十年中国电子商务的发展方向

——2011 年 8 月 23 日 李国庆在"2011 年中国互联网大会"上的演讲

我最早接到的题目是：下一个十年。现在的市场环境变化太快，通常都不让做五年规划，就做三年。三年前我们根本没有想到有今天，还认为电子商务是泡沫，但是现在看来，完全不是了。如果一定要讲十年的话，我就试着讲一讲，争取把这个题目讲的让大家有方法和思路。第一，品类、定位者赢。十年前互联网第一波浪潮的时候，说是互联网只有第一，没有第二。1999 年又说第一活得很灿烂，第二凑合活着，第三就是死定了。我认为在电子商务方面，咱们谈商务就回归零售业本质。有人认为家乐福不是正跟国美和苏宁竞争吗？我说你拿橘子跟苹果搞什么竞争呢？所以我认为最终的还是品类的定位。

我现在很自信地说，比如说单价很低，不管是淘宝的模式还是当当网的模式，因为利润很低，都不够包裹的价格。商场中的一些商品，比如超市，好一点的毛利率能达到 20%，稍微不注意就变成 19% 了。

第二，标准化商品向定制化商品的过渡。因为我们现在没有办法拼规模、拼价格。为什么家电可以呢？家电的价格比较高，这个

要看统计金额，家电市场进价销售快，销售价格也快，还有安装的服务，有很多的专业性问题要回答。这些专业的业态会出来，超市业态会出来，还会出来便利店等等。一小时行不行？行，会有一些机会。所以，一个业态不是一个企业通吃，也会给后来者一些机会，企业如果不靠这个定位可能会摔大跟头。中国在一家企业占到零售份额 20% 的只有当当网的图书，占到 20% 就可以制订规则了。

打造不同顾客价值的企业也会赢。一个企业不可能在各方面全做到，比如像家乐福大超市业态使劲儿追求便宜。也有人寻求方便，比如一副扑克牌到物美就是 2.4 元，到便利店就是 4 元，人家提供的是方便，晚上 12 点还在开张呢！另外还有放心，放心也是商品的一种品质。在未来十年，在每个方面都做不到极致，那你就死定了，或者别的竞争对手不会给你机会。

第三，实体零售向网上进军，占据网购 1/3 的天下。未来的市场占据，要被实体零售业拿走 1/3。刚才说到网民的要求，如果稍微改一改，销售的 10% 来自于网购是应该的。所以，苏宁要换人了，下半年它突破 20 亿元销售额，这是因为他有巨大的供应链优势，有物流优势，还有采购成本的优势。采购能够显示出很大的悬殊，现在任何一个采购成本都没办法跟我们当当网相比。1/3 天下，我庆幸在过去十年，当大家都认为是泡沫的时候，我已经占据了行业 10%。

第四，用户体验。十年前大家看海南出版社出版的 WEB2．0，我们都做的是个性化推荐。我们现在有大量精确的云计算，形成规模化定制，但是我们现在要做的是一对一的个性化定制。

第五，预测商业时代的到来。用预测推动制造生产，有时候价钱翻了几倍，不是因为暴利，而是积压。我们现在有些图书就是"先预售再生产"之前的制定书。

第六，SNS 传播性生产众多大众的网上自由品牌。这是产生直接见面的问题了，都是直接向消费者见面。这就非常了不起，需要有自己的品牌，自己的品质。在这个领域自主品牌会大行其道，年销售5000万，3个亿、5个亿的利润会很多。

之后就是数字阅读，在这方面，当当网是当仁不让的。我们卖了11年的书，不可能到数字阅读这块不灵，上游出版商有问题，虽然他的畅销书35%～40%都是我卖的，但是规则很难制定，我就提了两条：第一，收费下载的时候让人家免费传阅一次；第二，如果我已经买了一本纸质书，可以免费获得一个电子文章的书。这些规则怎么推行，应该有合理的价格。我觉得如果要推行这个，能够成功说服出版商和作家的非当当莫数了，我也一定坚持这个理念。

五、当当网的定位与竞争战略

——2011年11月9日李国庆在"第六届中国零售年会"上的演讲

我今天主要是想讲四点。

第一，销售规模是美好的。我记得12年前当当刚成立时，我们也是冲规模。有了规模，你可以有很多的想象力。规模可以完成一站式购物，大家都希望去做的，大家看到每个都是垂直的电子商务网站，规模可以降低很多成本，这都是经济学理论。规模可以降低运作费用，这都是大家耳熟能详的。

第二，规模不等于竞争优势。零售的不同品类业态，你只有在一个领域，在全国零售份额市场里面领先，占据份额并遥遥领先，那个规模才具备竞争优势。当当网在第四年的时候，我们图书占到中国图书市场的3%，现在占到中国图书市场的20%。在中国，麦肯锡的专家说，除了当当网，似乎没有一家零售企业占到这个行业20%的。这个20%是个重要的分水岭，当你占到20%的时候，你就卖规则了，你就有定规则的权力了。

第三，烧钱清空市场。现在对冲基金的大颚们进来，清空市场把别的电子商务打死，这个实业界是很难支撑的。索罗斯可以抓住货币体系弱点去攻击，去攻击泰国、东南亚、香港。为什么？淘宝说了，我把他们都打死，用足够的钱去砸。我想问，到那个时候我们的日子就好过了？

如果钱是决定一切的因素，那这个社会根本没有创业企业家，连实业家也没有，也没有管理专家，只有资本的事儿。资本通吃，那就解决问题了。显然，各国企业发展史上钱不是通吃的，人、战略、执行，这些对公司的影响大于钱。不管是资本创造价值还是劳动创造价值，都包含了这个意思。不是说你想烧钱就可以清空市场，谁有那么多钱？敢烧吗？

中国零售总额不加建材是6万亿元，加上建材是10万亿元。中国的消费品还会增长，我也相信会从今天3%的网上零售总额占到10%，甚至可能更多。如果在座的朋友们、企业家们和有雄心的金融家们，可能占到10万亿元里面的1万亿元。1万亿元的市场，谁有多少钱能把别人清空？现在很多企业的亏损率是我过去都没遇到过的，毛利率是10%，亏损达到35%，你有多少钱？2004年亚马逊来了以后，我们怎么办？财大气粗怎么办？把我们打死怎么办？当时我就跟亚马逊说了，当他的销售达到一个亿的时候，他常年在中国亏损50%，而我们的毛利率是20%，一个亿的销售额他亏5000万，他不心疼，2个亿亏1个亿，小意思；4个亿亏2个亿也不心疼；那16个亿亏8个亿还不心疼吗？沃尔玛一年亏1亿美金，CEO就得走人啊！

上市公司亏1亿，股价这么高，合算不合算呢？如果你投入的金钱总量把实体零售业都打死了，你怎么有那么多钱呢？实体零售业几个巨头在豪赌，特别是以马化腾为首的，他要赌未来的电子商务。谁要打苏宁易购、打国美，你要比他多6倍的资金才可能打得动。把他们打死了，总裁都已经缴枪了，我们都死了，你怎么办？

第四，从哪几个方面能够构建竞争优势。

第一个优势，钱就不说了，能"抢钱"的时代大家去"抢钱"。按照美国的模式，长期亏损就是为了打压别人。说电子商务是泡沫，它的模式是什么？多品种、低价格、拓展交易方式，它全有。但是这不是它的精髓，它的精髓是动手早。

第二个优势，就是当当网的模式。它的模式精髓是什么呢？首先，是每两年实现一个品类的绝对领先。图书销售占了中国市场的20%以后，我的日用百货始终是170%、190%的增长，以后还会更快，包括服装、3C家电等也不会慢。其次，是成本绝对领先。大家都有战略，我们是绝对成本领先，主要体现在采购成本。

第三个优势，向沃尔玛学习。沃尔玛在美国的网上零售已经不得了了，这也是亚马逊在美国感到心寒的。沃尔玛就是供应链、物流，在美国，它的毛利率总共加起来才20%左右，比别人低5%，甚至有人说沃尔玛是一家物流公司。你也可以这么说，不仅仅是物流运送，跟供应商那一套价值链管理，也是可以寻找竞争优势的。

第四个优势，别什么优势都去创造。

第五个优势，抢占区域市场。我们在中国要不要开书店呢？我们连英国、加拿大都不去，我们只走美国的消费，这就是定位，就是区域市场。

还可以创造竞争优势。我始终做一个品类。百货中心、超市都退出，就因为苏宁的崛起，因为规模足够大，不开综合百货超市，还可以创造什么竞争优势呢？刚才政府说了，自有品牌。是的，是自有品牌。

凡客就是很好的例子。在网上创造自有品牌，迅速崛起。把整个分销成本降到最低。自有品牌经常要占到 10%～20%，如果没有自己的"面包房"，它立刻亏损。一有了"面包房"，利润率是很高的，这就是自有品牌了。当当的图书何尝不是？当当少儿书占中国少儿书的40%，这 40% 是我们自有品牌，别的没有。

我不相信通吃。我们是强调中端和中高端，不做低端和高端。

六、破坏式创新是企业发展的根本

——2012 年 7 月 28 日李国庆在青岛"未来之星"年会上的演讲

宏观的教授们都讲了，为什么叫破坏性创新？举个小例子。大家都知道 15 年前的朗讯红极一时，曾经引领几十年的风骚。但是，在美国，1999～2001 年间，朗讯的股价一下从 100 多美金一股变成了 1 美金一股，如今这个公司已经不存在了。问题在哪儿？就是在通讯传输做了错误的判断。当别人已经研究光纤传输的时候，它还在研究铜线的传输，没有抓住重大的技术革新和技术革命，这个公司就没了。

再讲大家耳熟能详的柯达。我当时跟柯达的人吃饭，他们说你们当当网还在 100% 的增长，我们柯达每年都在裁人，就是因为柯达的CEO 根本不承认数码相机会成为人们热衷的机器。再讲到诺基亚，5年前我跟他们接触，我说你们 5 年内会完蛋。他们做的事情就是今天苹果取得成功的事情，在诺基亚的发展蓝图里都有过，不仅是最大的手机制造商，还是最大的 MP3 制造商，还是最大的数码相机制造商，也是最大的游戏运营商。听着都对，但这些都在这个部门里，并不受重视。今天诺基亚的市场份额已经摇摇欲坠了。所以这个创新是竞争所迫，是被"未来之星"的企业逼迫着去创新。

我们说到创新，既有工业的革新，也有重大的科技发明。但是不仅如此，苹果没有在任何一个领域有重大创新和革新，它就是把产业的价值链重新发现，当然它走的是纵向一体化，垂直式扩张。价值链的再发现，就是商业模式的创新，就是盈利模式的创新，无论用什么方式，挣谁的钱。

所以大家对创新的理解，不要以为创新就是技术革命，对商业模式的创新往往是对企业家赋予更高的期望值。说到破坏式创新，我很欣赏《中国企业家》杂志社的这个提法。大家可以重读《基业常青》、《从优秀到卓越》这两本书，研究了这么多优秀的企业，发现了真理是破坏性创新。可是企业内部的变革，别说破坏，光变革就阻力重重。

我看到来自三四个方面的阻力。

第一个阻力是董事会、投资人的短期行为。现在的投资人经常不问你未来三年的战略，也不问一年的战略，一季度刚开会就问下个季度的利润怎么样。这是非常危险的。于是，企业从高管到投资人，特别是稍有规模成熟的企业，居然有一个共识，叫增量创新、增量变革。我每天也遇到这样的压力，昨天还收到我夫人给我的短信，说"公司大了，你变革的节奏和速度要控制了"。我没敢跟她说我今天的演讲题目就是破坏式创新。

第二个阻力是高管，特别是CEO、职业经理人的短期行为。对一个大企业，作为职业经理人（当然这个话有点伤人）就是想四年的任期内的问题。在他的任期内，为什么要付出这么大的风险？所以在美国的一些大公司，特别是上市公司，纷纷出现CEO走人。比如星巴克CEO下台了，推动了星巴克新的变革，这几年的结果看是成功的。

第三个阻力是企业功臣元老的傲慢。企业功臣元老在过去的历史时期就是破坏性创新的推动者，今天他们已经变成傲慢者了。

最后一个就是缺乏担当的职业经理人，这个就不仅是高管了。

面对这些阻碍创新的力量，企业内部怎么引导这种破坏式创新变革呢？以我的观察和个人一点经验跟大家分享。

第一，与董事会、投资人达成短期、中期的模型，特别是创新的CEO，要对董事会说"不"，增量改革做不到，一定会先影响短期业绩。这一点，美国的一家电子商务公司，也是我的竞争对手，它的CEO也是"方特"的创办人。这个老太太说"大家都以为该盈利了，一下又把利润拉得很低"，上季财报拿出来，利润下滑90%，干什么去了？就是又投入到科技创新和发明上了。认可这种模式的把企业竞争的进驻门槛抬得越来越高，使企业基业常青，认可这个观点的请继续持有，不认可的就抛弃。所以这一轮跟董事会的讨价还价，会使企业进入更安全的区域。

第二，扩大竞争结合。兵临城下，只需在企业的主要业务领域，找出每个业务领域的细分竞争对手。这次论坛的颁奖，那些"未来之星"就是对这些稍具规模、成熟企业、市场份额的稳定占有者的巨大挑战。要扩大竞争结合达到什么目的呢？推动企业文化的变革，一定在企业每一个层级拥抱变革、推动变革、接受变革，这是不同的层次。

第三，任何一个企业都有一批有激情、有洞察力的员工，他们喜欢变革，但是随着企业的发展，这些人都当"刺头"给削下去了。把这些"刺头"给组织成"突击队""轰炸机队"，让他们完成一个又一个难以攻克的创新题目，组织成专门的部门对他们进行保护。

第四，那些元老功臣们怎么办？一个企业只需6年、8年就有一批元老功臣，让他们转岗，到新兴区域市场，到新兴的业务单元。他们不是为保守而保守，因为你给了他眼前短期的业绩压力，如果到了新的市场，到了新的单元当领导，可能重新焕发创业感，焕发当年创业的状态。

最后，一个企业能否推动这种破坏性的变革，最重要的是 CEO。凡是企业中厌恶变革或者对变革排斥的，都是 CEO，只有换 CEO 了。CEO 是最大的绊脚石，空降有激情、有洞察力的 CEO 永远是董事会的职责，当然这就伤筋动骨了。但是在我的经验中，一定要推动这种变革，或者准确地说，不变革就等于慢性自杀。当一个企业由增长、市场份额扩大到停滞，从停滞到下滑是非常快的进程。所以，与其等死，不如做这场冒险。